内向型だから
うまくいく
「ひとり起業」

5つのステップ

自信・強み・知識・経験・
人脈・お金はなくてもいい

梶 純子 中小企業診断士

現代書林

はじめに

「もし、あなたが内向型の性格なら、すぐれた起業家になれるでしょう」

私がそういうと、大半の人は驚いた表情になります。

「起業家」というと、人脈が広くてエネルギッシュ、圧倒的なカリスマ性がある人を思い浮かべるからかもしれません。

しかし、**1人でいることを好み、自己アピールを苦手と感じる内向型の人こそ、起業に向く**と私は考えています。

現に、私のところに相談に来られた**多くの内向型の人は、起業で自分の望む成功をつかみ、自分らしく生きていらっしゃいます。**

はじめまして。中小企業診断士の梶純子と申します。私がなぜこの本を書こうと思ったのか、少しお話しさせてください。

私は大学を卒業後、株式会社リクルートスタッフィングに入社しました。営業からマーケティング、バックオフィス業務など、さまざまな職種を経験。また、多くのプロジェクトにも参加させてもらいました。

忙しい日々を送る中、2015年に会社の福利厚生にあった制度を利用して、中小企業診断士の資格を取得。「せっかく合格したのだから、実務でも活用したい」と考えて会社に兼業を申請し、副業で経営コンサルタントを始めました。

その頃、会社がリモートワークを試験的に導入し、育休明けの私もその対象になったことから、タイミングよく副業に手をつけることができたのです。

育休中に始めた副業は月に10万円程度の収入でしたが、コロナ禍が始まり、中小企業からの補助金申請業務の依頼が殺到し、急激に忙しくなりました。その結果、副業として続けることが体力的に厳しくなり、悩んだ末に後進に譲る形で2021年に会社を退職。クライアントからの感謝の気持ちに動かされ、コンサルタント業を本業とする道を選びました。その際、奈良市の創業支援施設にて起業の支援も始めました。

多くの方の起業支援に携わるようになり、内向型の人ほど起業家として成功しやすいと感じるようになりました。

内向型の人は、物事を深く掘り下げて考える傾向があり、緻密に分析することができます。また、**社会問題に敏感で、顧客のニーズを的確に捉えられるため、新しいサービスを生み出す才能**もあります。

たとえば、内向型の人が持つ「心配性」という性分は、起業においては「慎重さ」という形で生かすことができます。

内向型の人はしっかりと準備をしてから行動し、一度決めたことはやり遂げる傾向があるため、失敗のリスクを減らすことにつなげられます。

起業をするのであれば、「自信、強み、知識、経験、人脈、お金」といった要素が揃っていなければならないと考えられていますよね。

しかし、これらの要素を完璧に備えている人はほとんどいません。

むしろ、これらの要素が不足している状態からスタートし、足りない部分を補いながら成長していくケースが一般的だと思います。

つまり、特別な才能や準備がなくても、内向的であっても、起業に挑戦することができるのです。

また、起業は内向型の人が抱えがちな悩みを解消してくれることをご存知でしょうか?

内向型の人は、人間関係のストレスから心身ともに疲弊してしまうことが多々あります。しかし**起業することで、そういったストレスから解放され、自分の強みを生かした働き方ができる**ようになります。収入面で不安があるなら、私のように副業から始めるのもいいかもしれません。

実際に、私のお客様の中には、起業によってメンタルヘルスを取り戻し、成功を収めた方が何人もいらっしゃいます。

内向型の人は豊かな感性や深い思考力など、多くの素晴らしい資質を持っています。ですが、社会の多くは外向的な人を評価しがちで、内向型の人が才能を発揮できないことに、常にもどかしさを感じてきました。

本書は、内向型の人が持つ才能を最大限に引き出しながら、自分らしい働き方ができる「居場所」を見つけるためのガイドブックです。相談の雰囲気がリアルに伝わるように、対話形式で表現しました。

ステップ①と②で、ビジネスモデルをつくります。

ステップ③で、最初のお客様を探します。テストマーケティングです。

ステップ④では、サービス・商品の価格を決めます。内向型の人がもっとも気をつけるべきポイントがここです。

最後のステップ⑤では、内向型の人が苦手意識を持つことが多い営業を回避できる集客術をまとめています。

ほんの少し視点をシフトさせれば、あなたの働き方や生き方は大きく変わるはず。本書を読めば、あなたは自分の強みを明確に理解し、より充実した毎日を送ることができるでしょう。ぜひ、気軽に読み進めてください。

２０２５年２月

中小企業診断士　梶　純子

PART

3

内向型「ひとり起業」

ステップ3 最初のお客様は半径100メートルで見つけよう

PART

4

内向型「ひとり起業」

ステップ 4

自分を安売りしてはダメ！ 失敗しない価格の決め方

PART 5

内向型「ひとり起業」

ステップ 5

無理して集客しなくても、お客様は集まる

PART 6

内向型「ひとり起業」で、あなたらしくいられる「居場所」をつくろう

PART 1

内向型「ひとり起業」

ステップ①

今まで何をしてきたの？

あなたは内向型？　それとも外向型？

もしあなたが、大人数で過ごすことが苦手だったり、誰かといるよりも1人でいることを好むのなら、それはあなたが内向型だからかもしれません。

内向型とは、心理学における人の性格類型のこと。自分の関心や興味が内側、つまり自分自身の内面にある人を指します。

一般的に次のような特徴を持つ人は内向型に分類されることが多いといわれます。

【内向型の人の特徴】

・人付き合いや集団に苦手意識がある
・シャイな性格で、自己アピールを好まない
・自分が話すよりも、人の話を聞くほうが好き
・大勢で騒ぐよりも、1人で静かに好きなことに取り組みたい
・相手の話をじっくり聞くことや、分析や探究、考察することを好む

いかがでしょうか。当てはまるところはありましたか？

では、内向型の対極とされるのが外向型です。外向型の特徴も見ておきましょう。

【外向型の人の特徴】

・社交的で、話をすることや主張することを好む
・大勢と活発にコミュニケーションをとるのが得意
・集団の中で目立ちやすく、イニシアチブをとることが多い
・じっと1人で過ごすよりも、大勢で楽しみたい
・発言が得意で、スピーディーに行動することを好む

今の世の中は、外向型の人が評価される傾向にあるといっていいでしょう。とくに学校や組織といった集団生活がメインの場所では、外向型の評価が高くなりがちです。

そのため、内向型の人は何かと自分自身のことを否定しがち。なかなか自信が持てず、「こんな自分ではダメだ」「もっと変わらないと」と自分に負荷をかける傾向があ

るのではないでしょうか？

また、内向型であることを短所と捉える人もいますが、**内向型は短所ではなく、個人の特徴にすぎません。改善する必要も、無理して外向的にふるまう必要もない**のです。

それに、内向型には外向型にない強みがあります。物事への対処が慎重なことや、感受性の強さ、観察力の鋭さなどは、起業においてプラスに作用することが多いことを知ってください。

内向型の人に必要なのは、内向型の強みを正しく知り、活用の仕方を見つけること。それができれば、自分を否定することなく、イキイキと自分らしく生きられるはず。だから、まずどのような強みがあるのかを把握しましょう。

ここからは、事例を挙げながら、内向型の特徴や、内向型だからできる「ひとり起業」のステップを紹介します。

起業の相談は「漠然と考えているだけ」でもいい

相談者　主婦の田中さん（仮名）

梶　こんにちは。中小企業診断士の梶と申します。今日はどのようなご相談ですか？

田中さん　今日はお時間をとっていただきありがとうございます。起業について教えていただきたいのですが、そんな相談でもいいですか？

梶　起業を考えておられるのですか？

田中さん　はい。でも、しっかりと案を練っているわけではないんです。私はビジネスのことを何も知らないし、秀でた才能や特技もありません。強みもわからないのですが、起業に興味があるんです。今はまだ考えも漠然としていますが、ご相談してもいいですか？

梶　もちろん、大丈夫です。起業のことを考えるようになって、どれくらい経ちますか?

田中さん 2年くらいです。

梶 えっ!2年も前から考えておられたのですか?

田中さん はい。でも、こんなので起業したらダメなんじゃないかと思って、行動には移せていません。

梶 そうだったんですね。よかったら、内容を教えてください。

創業相談に来られるのは、働き方や将来について悩んでいる人がほとんど。「こういうアイデアがあるので、アドバイスをください」というパターンもありますが、事例のように「漠然と考えているだけ」とか、「こんな内容で起業してもいいのか?」といった相談をお受けすることのほうが多いです。

そういう相談をされるのは、内向型の人が多いかもしれません。

みなさん一様に遠慮がちで、申し訳なさそうにお話しされるのですが、もう1つ、次のような特徴があります。

梶　お話を伺うと、とてもしっかりと考え抜かれていることがわかりました。

田中さん　本当ですか？　こんなのでいいんだろうかと思っていたのですが。

梶　すごいと思いましたよ。こんなに細かく考える方はあまりいませんね。これは〝漠然と考えた〟レベルではないですよ。

田中さん　そうなんですね。

梶　このアイデアは、どのようにして思いついたんですか？

田中さん　ネット記事を見ていたら、起業するなら何かと何かを掛け合わせたり、組み合わせたらいいと書かれていたので、そこからヒントをもらいました。

梶　なるほど。既存のものを掛け合わせて考えられたのですね。それはよい着眼点だと思います。ただ、今回の田中さんのアイデア自体はおもしろいのですが、事業化となると、ハードルが高いかもしれません。

田中さん　そうですか……。

梶　でも、初めて事業について考えて、1人でこのレベルに持っていけたというのはすごいです。

田中さん　そんなふうにいっていただけるとうれしいです。

梶　起業を成功させるには、ニーズがあるかどうかが重要になります。いくらよいものをつくっても、お金を出して買いたいと思ってくれる人がいなければ、事業にはなりません。このアイデアは素晴らしいけれど、少しリスクが高い内容だと感じます。

田中さん　そういうことも考えて起業するんですね。

梶　そうですね。いったんこのアイデアは温存するとして、どうでしょうか、せっかく来てくださったので、私と一緒にゼロからもう少しリスクの低いビジネスを考えてみませんか？

田中さん　私なんかにできますか？

梶　もちろん大丈夫です。起業は、ポイントを押さえて準備をすることが大切なんです。それを踏まえてプランを練れば、起業後も安心できると思います。よかったら、ビジネスモデルから一緒に考えていきましょう。

田中さん　ぜひよろしくお願いします。

内向型の人は、自信がなく不安に感じながらも、素直な人が多い印象があります。

1人だと不安でも、伴走してくれる人がいると力を発揮する人も珍しくありません。一歩踏み出そうと決めたら、次の段階へ進んでいきましょう。

仕事ってシンプル。誰かの代わりにやってあげること

起業をする。それは、ある意味とても勇気のいる決断ですよね。

起業ブームという時代背景や、日本経済の影響もあって将来に不安を感じる人たちが、会社を立ち上げたり、副業スタートに挑む人が年々増えています。

副業を始めるために、終業後や休日を使って、創業塾や起業スクールで熱心に学ぶ人も多くなりました。

起業をする際に、重要になるのがビジネスプランです。ビジネスプランをしっかりとつくれるかどうかで、起業後の流れが変わることは多々あること。

とはいえ、予備知識もなしにビジネスプランを1人でつくろうとしても、なかなか考えつかないでしょう。

もしくは、押さえておくべきポイントをはずしてしまうと、現実的ではないプランになる可能性がありますから、注意したいところです。

ここからは、ビジネスプランのつくり方を見ていきましょう。

梶　ところで、このプランはどのように考えられたのですか？

田中さん　まずは知識を得ようと思って、起業に関する本を読んだり、動画を見たりしました。私が得た情報では、事業をするにはお金や人脈、スキルや能力が必要だと解説しているものが多かったです。

梶　確かに、そう説明する人は多いですね。

田中さん　そうですよね。でも、私は何も持っていないんです。能力やスキルが高いわけではないし、自慢できる経験があるわけでもありません。それに、私は口下手だから……。コミュニケーションも苦手で……。あと、貯蓄もそんなにないから潤沢な資金もないし。

梶　**最初から自信や知識、スキルがある方なんていませんよ**。これから身につけていったらいいんです。

田中さん　そういってもらえて、ちょっとほっとしました。でも、本当に私は何も持っていません。だから、せめてアイデアは斬新なものにしたいと思ってリサーチしました。人真似になるのはよくないと思ったので、アイデアを掛け合わせようと考えたんです。

梶　なるほど、人の真似はダメだと思われているんですね。実は、そうでもないんですよ。

田中さん　えっ、そうなんですか？

梶　まず、**起業に自信がない方は真似から入るほうがいい**かもしれません。起業は雇われて働くこととは違う大変さがありますし、やるべきこともかなり多いです。ひとり起業をするなら、経理から広告宣伝、営業までをすべて１人でやることになります。
だから、起業をして仕事に慣れるまでは、人の真似をするほうがスムーズにいくことが多いんですよ。実際に、人真似から入って成功した方も多いです。

田中さん　そうなんですね。起業は難しいし、才能とかスキル、センスがないと無理だと思い込んでいました。

梶　起業は難しいイメージがありますよね。そう思っている人も多いです。でも、そもそも**仕事ってシンプル**なものだと思いませんか？　どうしても売上を上げることに意識が向いてしまいますが、要は**困っている人に代わって自分ができることをすればいい**んです。それをベースにして、プランを考えていけばいいんですよ。

田中さん　それならできるかもと思えますが、そんな考え方で通用するのですか？

梶　もちろん通用します。それに、**世の中にある事業は、すべて誰かが困っていることや、不満に思っていたことから生まれたものばかり**です。たとえば、１００円ショップの商品は、日常のちょっとした不便を解消してくれるものが多いでしょう？

田中さん　確かにそうですね。

梶　私がしているこの仕事も、起業や働き方に困っている方の相談に乗ることで、仕事として成り立っています。それに、困っている人がいるということは、そこに確かなニーズがあるということになりますよね。**誰かの困りごとに焦点を当てて、ビジネスアイデアを練るのは合理的**なんです。斬新なアイデアを掛け合わせても、そこにニーズがなければ、事業としては成立しにくいから継続が難しくなってしまいます。

田中さん 確かに、その通りですね。

梶 だから、ありものでいいんですよ。**人真似でもいいから、自分が代わりにやってあげられることは何か、それを考えてみてください。**

内向型の人は、とても真面目です。感受性が強い人が多いので、他人の感情を敏感にキャッチするのも得意です。反面、考えすぎる傾向が強いといっていいでしょう。

これは誰にでもいえることですが、長所は、行きすぎると短所に転じてしまうことが多いもの。それを避けるには、自分の長所を把握し、コントロールしなければなりません。

とくに、ひとり起業は相談できる相手がいないケースもありますから、意識しておきたいところです。

会話の中にもあるように、ビジネスアイデアの種は「誰かの困りごと」に潜んでいます。言い方を変えれば、ビジネスチャンスを見出したいなら、世の中の困りごとを探ればいいということです。

社会で問題化していることに目を向けてもいいのですが、内向型の起業初心者がそれをビジネス化するのはハードルが高いかもしれません。それなら、**日常の些細な困りごとに目を向けるのがおすすめ**です。

「ちょっと不便」「騒ぐほどではないけど、少し不満」といった事柄が、ビジネスにつながるケースは多いですから、探す価値は十分にありますよ。

それに、「誰かの困りごとを解消する」という視点がないアイデアは、成果を出すことが難しいかもしれません。

人がお金を出すのは、困りごとの解決や、欲求を満たすためだとされています。お金を出してでも解決したいことを、ビジネスにすることが望ましいでしょう。

起業の本質は至ってシンプル。そもそも仕事とは何か。人の役に立つとはどういうことか。とくに起業初心者は、これらを念頭に置きながら、ビジネスアイデアを考えてみてください。

「ビジネスモデルキャンバス」を知っていますか？

梶　事業を考えるときに、「ビジネスモデルキャンバス」というものを使うと、アイデアが具体化しやすくなるんです。

田中さん　ビジネスモデルキャンバス……初めて聞きました。

梶　**事業立ち上げの際に使うフレームワーク**の1つです。せっかくですから、一緒に書いてみましょう。

新規で事業を立ち上げるときや、既存事業を見直す際に活用されるのが「ビジネスモデルキャンバス」です。

ビジネスモデルキャンバスとは、ビジネスモデルを可視化するためのテンプレートのこと。スイス在住の経営コンサルタントが発表したフレームワークです。

ビジネスモデルキャンバスは、ビジネスの内容に関する情報や要素、構造、流れな

ビジネスモデルキャンバス

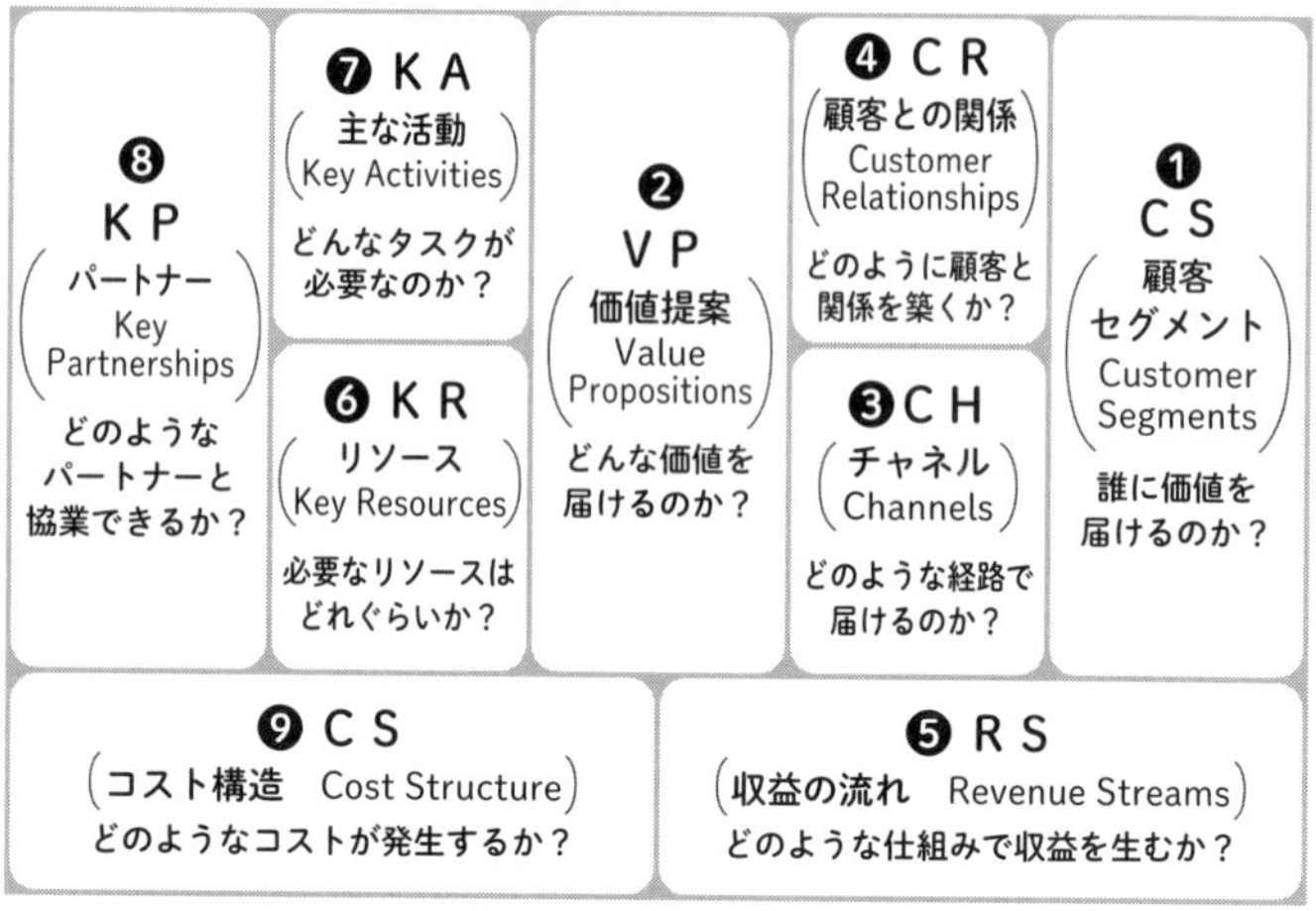

どをフレーム（枠組み）にまとめて明示します。これをもとに話し合いをしたり、指針として活用します。

ビジネスモデルキャンバスで自分のビジネスを可視化すると、客観的な視点で考えることができるでしょう。また、ビジネスモデルが明確になるため、自分のビジネスの強みや弱み、置かれている環境などをより深く把握することができます。

企業など、多くの人が関わるビジネスシーンでは、方針や指針の明示がないと、判断や行動にブレが生じやすくなります。ビジネスモデルキャンバスは、その回避にも役立つため、活用する企業やビジネスパーソンは多いのです。

なお、ビジネスモデルキャンバスに必要なのは、次の9つの要素を記入するのが一般的です。

「ビジネスモデルキャンバス」9つの要素

1：CS（**顧客セグメント　Customer Segments**）

販売の対象となるお客様のこと。イメージする顧客層について、利用目的や属性などによって分け、優良な顧客層を想定します。

2：VP（**価値提案　Value Propositions**）

商品やサービスがどのような価値を持っているのかを示します。顧客の困りごとをどう解決するのか、どのようなニーズに応えるのか記します。

3：CH（チャネル　Channels）

商品やサービスを販売する経路（チャネル）のこと。商品やサービスを顧客に届ける方法を考えます。実店舗、ECサイト、訪問販売などさまざまな経路があります。

4：CR（顧客との関係　Customer Relationships）

アフターサービスや情報発信など、顧客と長期的な関係を構築するための方法について考えます。ユーザーのコミュニティを立ち上げたり、顧客が自分でできるよう必要な手段を提供するなど、個人的なものから自動化されたものまでさまざまな関係があります。

5：RS（収益の流れ　Revenue Streams）

売上などによるお金の流れのこと。商品やサービスを提供するごとに受け取るパターンと、月ごとなど定期的に収益を受け取るパターンがあります。

6：KR（リソース　Key Resources）

ヒト・モノ・カネ・情報といった、事業を展開するために必要なリソースのこと。事業を行うにあたり必要な資産や資源などを明確にします。

7：KA（主な活動　Key Activities）

事業を行うにあたり、必ず行わなければならない重要な活動を記入します。営業、製造、開発、企画、マーケティング、販売などが該当します。

8：KP（パートナー　Key Partnerships）

事業で協業するパートナーやサプライヤーなどのこと。委託会社や代理店、運送会社、決済会社など、足りないリソースを補ったり、リスクを減らす相手を挙げていきます。

9：CS（コスト構造　Cost Structure）

事業をする上で必要になるコスト（費用）を記入します。家賃や人件費、広告費、材料の調達費用などが該当します。

作成したビジネスモデルキャンバスは、社内で共有したり、検証の参考にするなど、さまざまなシーンで活用します。一度作成したら終わりではなく、必要に応じて更新することも重要です。

田中さん　この記入事項は、全部書くのですか？

梶　本来はそうですが、**個人で起業する方は、1のCS**（**顧客セグメント**）**と、2のVP**（**価値提案**）**だけで大丈夫です。それ以外は空欄でいい**ですよ。書けそうなら書く、という具合で構いません。まずは2のVP（価値提案）を書いて、それをもとに当てはまる1のCS（顧客セグメント）を考えていきましょう。

田中さん　この**2つでいいんですね。ほっとしました。**VP（価値提案）はどう書けばいいですか？　私に提供できる価値なんてあるでしょうか。

梶　「**価値提案**」という言葉だと、難しく感じますよね。ここに書くのは、もっと簡単なことです。
あなたの商品やサービスがどうお客様の問題を解決できるのか、ということを書きます。でもその前に、まずはご自身のことを教えてほしいです。**これまで経験されてきたことを書き出してみてください**。仕事やアルバイト、習い事、趣味といったことです。興味のあることでも構いません。思いついたものから気軽に書いていってください。

田中さん　私、本当にたいした経験がないんです。

梶　みなさん、そういわれますよ。やるうちにいろいろと見えてきますから、安心してください。**自分ではたいしたことがないと思っていても、他人から見るとそうではないということが割とあります**。こんな些細なこと、と思っていることが、ビジネスにつながることだってあるんですよ。

田中さん　そうなんですか？

梶　はい。**人って、他人のことはよくわかるけど、自分のことは案外知らないもの**でしょう？　だから、まずは自分の強みを把握しましょう。**ビジネスモデ**

ルキャンバスを作成する過程で、自分を客観的に知ることができます。才能やスキルがあっても、それに気づいていないと発揮することもできませんからね。

ちなみに、書いていただいた経験やスキルのうち今回のビジネスに生かせるものはＫＲ（リソース）にもなります。

実は、内向型の人ほど深く考えてプランを練っています。相応の時間をかけ、さまざまな情報を集めながら準備をしているのです。起業初心者であっても、１人で考えたとは思えないほど、しっかりとした内容になっているので驚くことが多いです。

これは、内向型の人の大きな強みですが、熟考に熟考を重ねるからか、なかなか行動に移せない傾向があります。考えているだけだと、ビジネスチャンスを逃してしまう可能性があります。ビジネスはタイミングが重要ですから、フットワーク軽く動けるかどうかも影響してきます。

これまで経験したことを書いてみよう

・仕事

・アルバイト

・習い事

・趣味

・興味のあること

もし、起業したいけれど、1人で進めることが難しいと感じたら、積極的に人を頼るようにしましょう。1人では難しく感じることも、人の力を借りれば案外簡単に進むことも大いにあります。

せっかく起業を決意したのですから、どんどん人を頼り、進めていきましょう。

PART 2

内向型「ひとり起業」

ステップ ②

これまでに頼りにされたことは？

考えることは、たった2つだけでいい

このパートでは、先ほど紹介したビジネスモデルキャンバスについて、もう少し掘り下げてみましょう。

ビジネスモデルキャンバスには9項目ありますが、**ひとり起業を考えている人は、先ほどもお伝えした通り、CS（顧客セグメント）とVP（価値提案）のみの記入で問題ありません。**

まずはVP（価値提案）を記入し、それをもとにCS（顧客セグメント）を考えるという順番がいいでしょう。

「価値提案」は、これまで経験してきたことから探ることが、何より効率的です。**自分ではたいしたことがないと思っていることも、他人から見るとすごいことだったり、ビジネスにつながる可能性を持つものだったりするのはよくあること。**他人に指摘されて初めて強みに気づくのは、珍しいことではありません。

とはいえ、先ほどの相談者の田中さんはご自身の経験ではＶＰにならないと判断されました。そういう場合は、自分が誰かから頼りにされた経験を思い返してみてください。

これまでの人生で、どんな人に頼りにされてきたのか？

相談者（引き続き）主婦の田中さん（仮名）

田中さん　一応、だいたいの経験を書き出してみたのですが、これがビジネスになるとは思えなくて……。

梶　それでは、少し視点を変えてみましょうか。これまでの人生で、誰かから頼りにされたことがおありになると思うんです。**どんな人に頼りにされたことがありますか？**

田中さん　頼りにされたことですか……。あんまりないと思うのですが。

梶　些細なことでいいんですよ。たとえば、会社の先輩とは話がはずむことが多かったとか、そういうことでいいんです。居心地がよかったのは後輩や年下だったな、とか。思い当たることはありますか？

田中さん　そうですね、前職だと仲良くしてもらっているのは年上の先輩が多いです。

梶　そうなんですね！　それは前職だけですか？

田中さん　そういえば習い事なんかも当てはまりますね。

梶　年上の方から好かれやすい？

田中さん　それはわかりませんが……。話しかけてもらって、そこから仲良くなるのは年上の人ばかりです。

梶　年上というとどのくらいの年の差ですか？

田中さん　5歳くらい上からご年配の方まで幅広いです。どちらかというとかなり年上の方から話しかけられることが多いかもしれません。

梶　少し見えてきましたね！　この調子で、思いついたことや思い出したことを書き出してください。何となく思うことでもいいです。

田中さん　わかりました。

「自分を頼りにしてくれた人」が思い浮かばない場合は、誰だと話がはずむか、という視点で考えてみるのもいいでしょう。

会話がはずむのは、お互いに好印象を持ち、お互いのことを知りたいと思う関係性を築くことができているから。言い換えれば、相手が「話をしたい気持ち」になっているということです。

子どもと話すのが楽しい人もいれば、自分と同じ趣味の人だといつも会話が盛り上がるという人もいます。

田中さんのように、年配の方に話しかけられることが多い、という人もいるでしょう。

どんな人と話がはずむのかを考えていくと、何かしらの共通項を見つけることがあります。

自分が好かれるのは年上が多いというケースもあれば、子どもにやたら好かれるというケースもあるはずです。

自分では些細なことだと思っても、まずは書き出してみてくださいね。

内向型の人は年上に好かれることが多い

梶　先ほど、かなり年上の方からよく話しかけられるといわれていましたが、けっこう頻繁にあるんですか？

田中さん　そうですね。近所のお年寄りに呼び止められて立ち話をしたりとか、趣味の教室で仲良くなるのは、おばあちゃんが多かったりとか。

梶　高齢の女性が多いんですか？

田中さん　ああ、そうかもしれない。そういわれれば、高齢の男性とはあまり話さないですね。圧倒的におばあちゃんが多いです。

梶　そうなんですね。おばあちゃんとはどんな話をされるの？

田中さん　本当に世間話です。それこそ、天気の話とかニュースとか。おばあちゃんが悩みを話してくれることもありますね。

梶　悩みごとですか？

田中さん　そうですね、子どもさんとか旦那さんの話とかかな。私は別にアドバイスをすることもなくて、話を聞くだけなんですけど。

梶　おばあちゃんと接することは、苦にならないんですか？

田中さん　お年寄りはよくお話しされるので、自分が話さなくていいから楽なんです。私は話すのが得意じゃないから、聞いているのが楽しいと感じるし。もともと、人の話を聞くのが好きなので苦になりません。おばあちゃん世代の方はいろんな経験をされているので、人生の勉強になることも多いから、楽しんでいます。

梶　それはすごい！　気づいておられないかもしれませんが、**人の話を聞くのが楽しいことも、おばあちゃんに好かれることも、とても素晴らしい強み**ですよ。人の話を楽しんで聞き続けられることって、すごい才能です。

田中さん　本当ですか？　私は話を聞くだけで、何もしていないように思いますが。

梶　その「話を聞くだけ」ができない人が、すごく多いんです。

田中さん　へぇ……。

梶　先ほど、ご自身のことを口下手だとおっしゃいましたが、口下手というよりも、聞き上手でいらっしゃるのかもしれない。だから、話を聞いてほしい年上の人に頼られるのかもしれませんね。

内向型の人は、比較的物静かで謙虚な人が多いです。

自分のことを積極的に話すのは苦手でも、人の話を聞くことが上手。しかも、ストレスを感じずに楽しみながら聞けてしまうのですから、これは素晴らしい才能です。

じっくりと相手の話を聞き、必要があれば自分の考えを率直に伝えようとする姿は、周囲に「この人は誠実で信頼できる」という安心感を与えているのではないでしょうか。

また、内向型の人は派手な行動を避け、必要以上に自己主張をしない傾向があります。落ち着いた言動が多い点も、とくに年上の人にとっては好印象なのかもしれません。話を深く掘り下げられることや、年上の人への気遣いが適切なところも、プラスに作用することが多いでしょう。

内向型の人のコミュニケーションスタイルは、間違いなく個性の1つであり、大きな武器です。そのような人だからこそ、信頼を得やすいということもあるでしょう。だから、あなたはあなたのままでいいのです。

内向型の人に必要なのは、自分の強みや性格を適切に把握すること。卑下するのではなく、そのままの自分を受け入れましょう。

そして、その個性を生かして周りの役に立ちながら、自分自身が快適に働くにはどうすればいいのかに意識を向け、考えてください。

なお、ここで取り上げているのは「どんな人から好かれるか」ですが、それ以外にも、リアルで会うほうが得意な人、WEB上のほうが得意な人という分類もできます。

私の印象では、**内向型の人は集団を苦手としますが、WEB上のほうが得意な人が多い**と感じます。素性を明かさず交流できるからか、リアルでは考えられないくらい強気な言動をされる人もいるほどです。

もし、あなたが**WEB上だと積極的に交流できるのなら、それもまた強み**です。自分がのびのびとふるまえるのがWEBなら、WEBをうまく活用するのも1つ。今なら、SNSやブログを通して、ファンになってもらえるような活動を展開するのもいいでしょう。

どんな人に好かれてきたのかを、紙に書いてみよう

田中さん　少し自分のことが見えてきたように感じますし、ちょっと自信を持ってもいいのかなと思えてきました。

梶　ぜひ自信を持ってください！　高齢の女性から好かれる以外にも思いつくことがあったらどんどん書いてくださいね。子どもや同年代、同性、異性、犬や猫などの動物に好かれるといったことも、該当すればぜひ書いてください。

田中さん　わかりました。

梶　ただ、1つ注意してほしいのが、質問の主旨です。ここでは「自分がどんな人に好かれてきたか」を書いてください。というのも、答えるうちに「自分

が好きな人」にすり替わってしまうことがあるからです。それだとビジネスモデルキャンバスの内容とはずれてしまうので、その点だけ意識してください。

田中さん　自分のことを頼りにしてくれたり、好んでくださる方を書くことが大切なんですね。

VP（価値提案）を考える際に、紙に書くのは「自分がどんな人に好かれてきたか」ということです。

これは、自分にとってお客様になりうる可能性がある人を探るために行います（お年寄り、子ども、年上、年下、同年配、同性、異性、犬や猫など）。

よくあるのが、「自分が好きな人」のことを書いてしまうケース。

「自分が好きな人」だと、自分が相手のお客様になる可能性はあっても、相手がお客様になってくれるかどうかは未知数です。

よく頼りにされる人、よく好かれる人を書いてみよう

例. お年寄り、子ども、年上、年下、同年配、同性、異性、犬や猫など

「自分が好きな人」向けに起業をしようとする人が、実は意外と多いのです。いざ起業をしても、お客様が来てくれないことが少なくありません。

梶　お年寄り、とくに高齢女性に好かれるというのは、ビジネスにつなげやすいですよ。

田中さん　えっ、そうなんですか？

梶　おばあちゃんたちからよく声をかけられるということなら、おばあちゃんたちのお困りごとを代わりに解決するような事業を考えてみるという手もありますね。

田中さん　おばあちゃんたちのお困りごと、

ですか。何だろう？

梶　おばあちゃんたちとコミュニケーションをとるのが苦にならないし、話をずっと聞くこともできるわけでしょう。そこを軸にするといいかも。

田中さん　思いつくのは、介護とかですけど……。

梶　興味があるなら、いいと思いますよ。

田中さん　でも、介護職は個人でやるというより、どこかに勤める感じになりませんか。独立してやるには、大変に感じてしまいます。

梶　描いておられるイメージとは、ずれるかもしれませんね。

田中さん　ですよね……。あ、そういえば、この間お話しした近所のおばあちゃんが、買い物が大変になってきたって愚痴っていました。重い荷物を持って歩くのがしんどいって。でも、子どもさんが遠くに住んでいるので、誰にも頼めないそうです。私が代わりに買い物に行くってどうでしょうか。

梶　いいですね！　高齢者に限らず、買い物代行サービスは今後必要とされるはずです。

田中さん　買い物代行サービスって、資格はいらないですよね。

梶　そうですね。個人がその人の代わりに商品を買いに行く行為ですから、特別な許可や資格はいらないはずですよ。ただ、お酒とか医薬品などは、免許や資格が必要になるかもしれませんので、そこはしっかりと調べましょう。

田中さん　はい。

梶　まずは試験的に始めるのがいいと思うので、その愚痴っていたおばあちゃんに声をかけてみられてはいかがでしょう。やってみて初めてわかることもありますから。その方にお願いできますか？

田中さん　よく話すおばあちゃんなので、喜んでくれると思います。

梶　**最初はテストとして、無償でやってみて、ニーズをつかんできたら有償サービスにされるといい**ですね。段階を踏みながらやっていくと、大きく外すことはないと思いますよ。

この相談者の田中さんは、高齢の女性に好かれることが多かったのですが、ご自身はそれに気づいていませんでした。

また、お年寄りの話を楽しみながら聞けることや、お年寄りとどう接すればいいか

買い物代行サービスのビジネスモデルキャンパス

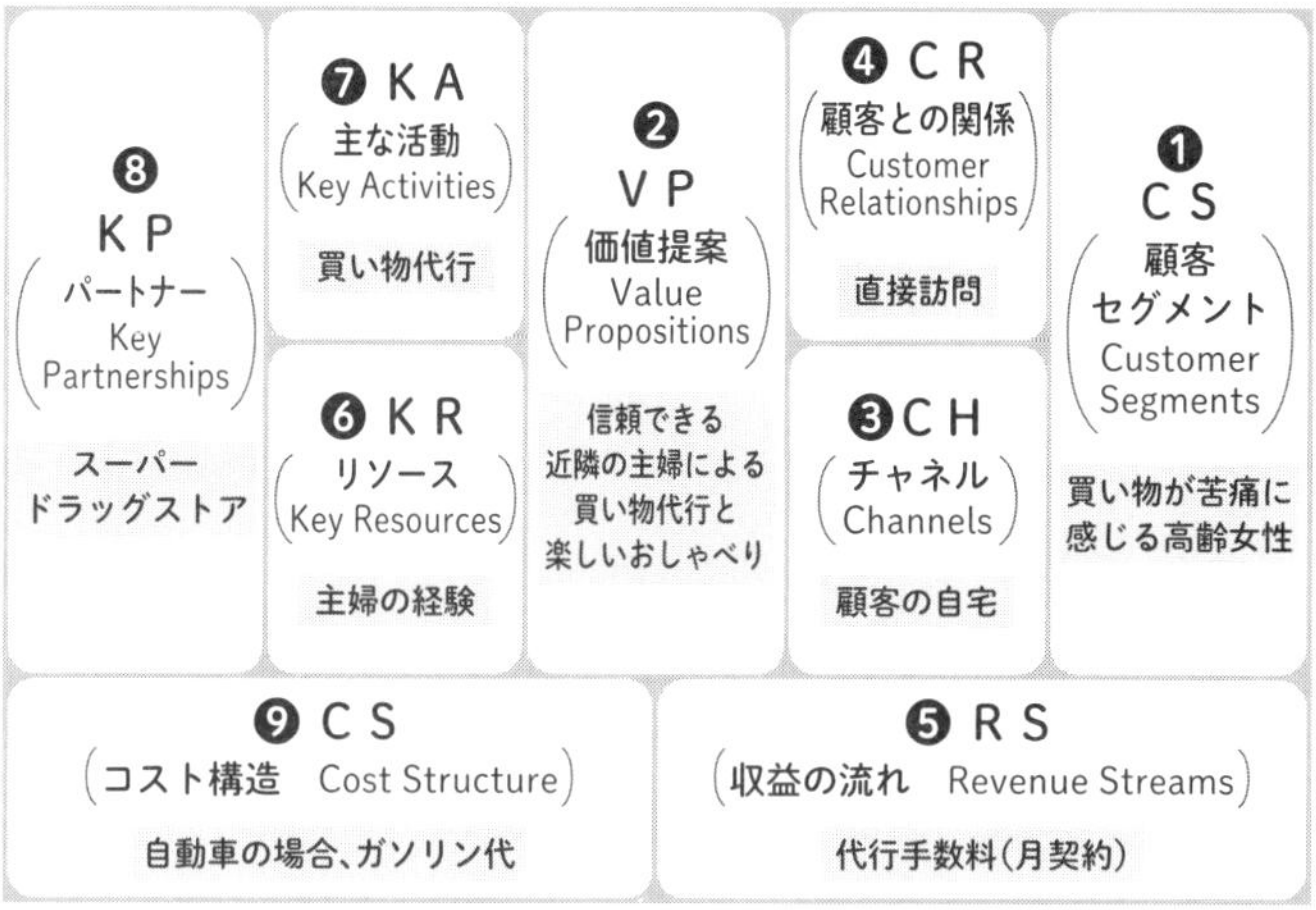

を知っていることが強みとも思っていなかったようです。

私と対話する中で自分のことを知ったからこそ、買い物代行というビジネスアイデアを見つけることができました。

買い物代行サービスとは、依頼者に代わってスーパーやコンビニ、ドラッグストなどで買い物をして、自宅に届けるサービスです。

買い物代行サービスは、単に商品を届けるだけにとどまりません。

外出がしんどい、また難しい人にとっては、確実に生活必需品の確保ができ、生活の質を上げてくれる重要なサービスの1つです。

また、買い物を通して、サービス提供者と定期的なコミュニケーションが生まれるため、孤立感の軽減につながるケースも多いのです。

さらには、地元のスーパーや商店を利用することで、地域経済の活性化に貢献できるなど、買い物代行サービスが社会に与える影響は多岐にわたります。

少子高齢化が著しい日本において、今後もその役割はますます大きくなるでしょう。

ひとり起業では、「自分のファンをつくる」ことがポイントです。

ファンになってもらい、関係性を深めれば、相手のニーズに応えやすくなるでしょう。

内向型の人は、たくさん顧客を集めることに抵抗を感じるかもしれません。それなら、目の前の1人のファンを大切にしながら、交流を深めていくことをおすすめします。

相談のあと、田中さんはすぐに行動を起こしました。

知り合いのおばあちゃんにお願いして買い物を代行したところ、予想以上に喜んでもらえたようです。

このことから、ビジネスとしてのニーズがあると確信した田中さんは、買い物代行のノウハウを確立。現在は、月収40万円程度を稼ぐまでになっています。

買い物代行サービスはクチコミで広まり、けっこうな数のお客様を抱えるまでになりました。


ちなみに、内向型の人にどれくらい稼ぎたいかをお聞きすると、みなさんが望まれるのは、それほど高い額ではありません。

「自分が暮らせるだけのお金があればいい」「生活の足しになる程度で十分です」といわれることが多く、扶養内で働く人だと月に10万円以下、それ以外の人は20万円程度を望まれることが多いです。

この金額であれば、ひとり起業で十分に稼ぐことができます。

もし同じような考えをお持ちなら、自分がストレスなく働けるかどうかを意識しながら、ビジネスプランを考えることがおすすめです。

内向型の人でも、ひとり起業で自分らしい働き方を実現した方はたくさんいます。

本書を通して、私と一緒に理想の働き方を見つけていきましょう。

PART 3

内向型「ひとり起業」

ステップ ③

最初のお客様は半径100メートルで見つけよう

起業したら避けられない「営業」を回避するには

ＰＡＲＴ２では、ビジネスモデルキャンパスを念頭に置いて、**自身の提供できるＶＰ（価値提案）とＣＳ（顧客セグメント）**について考える方法をお伝えしました。シートには他にも記入する項目がありますが、前述の２つさえあれば、ビジネスプランを作成することができます。

ビジネスプランというと難しく考えがちですが、シンプルに考えればＯＫ。要は、自分の事業を整理し、設計図のように可視化するのが目的です。どうすれば自分は誰かの役に立てるのか、今のままの自分で誰かの困りごとを解決できることは何かを考えて、情報を整理し、アイデアを出していきましょう。

さて、ひとり起業に限らず、自分の商品やサービスを売るために必要となるのが「営業」です。商品やサービスを売るには、まずその存在を知ってもらわなければなりません。

営業は、あなたの商品やサービスを知ってもらうための第一歩となるわけですが、**内向型の人は営業を苦手と感じることが多い**です。

できれば営業は避けたい、というのが本音ではないでしょうか。

無理をして営業をしようとしても、結局どう売ればいいかわからなくて悩んでしまうというのはよくあること。また、強引に買い叩かれてしまって心が折れてしまうことも、どうにか避けたいですよね。

次にご紹介する事例の相談者は、未経験でありながら、Instagram（インスタグラム）代行の仕事をしたいと考えていらっしゃいました。

相談の様子を見ていきましょう。

半径100メートルくらいのご近所や知り合いで、最初のお客様を探そう

相談者　未経験だが、Instagram代行の仕事をしてみたい佐藤さん（仮名）

調理の仕事をされていた相談者の佐藤さんは、最近Instagramの代行をビジネスとしてやってみたいと思うようになりました。自分がどのような価値を提案し、どのような顧客にサービスを提供するかのイメージは固まりつつありますが、営業することに大きな壁を感じています。

梶　今日は、どのようなご相談ですか？

佐藤さん　はい。私はインスタをよく使うので、副業でインスタ代行の仕事ができないかなと考えているんです。

梶　企業やお店のオーナーの代わりに、インスタの運営を請け負うということですね。

佐藤さん 自分のインスタの投稿を友人に褒めてもらうことが多かったので、仕事にできないかなぁと思って。

梶 そうなんですね。お仕事でインスタの代行をされた経験はありますか？

佐藤さん いえ、ありません。**調理の仕事だけで、仕事でインスタを使ったことはありません**。

梶 なるほど。顧客や、仕事内容のイメージはできていますか？

佐藤さん イメージはあります。インスタで宣伝したほうがいいと思っているけれど苦手意識があったり、インスタまで手がまわらない人に代わって運用をしたいです。あと、広告にあまりお金を出せない人とか、お店ですね。

梶 企業ではなくて、個人事業主や店舗経営者のイメージなんですね。

佐藤さん はい。今日ご相談したいのは、どうやってお客様を見つければいいかということです。**実は私は、営業が苦手**で……。自分から開拓をしないといけないと思うのですが、**どう動けばよいのか見当すらつきません**。営業の仕事をしたことがないので、わからないことばかりです。

梶 そういうご相談、多いですよ。安心してください。営業の経験がなくても、立派に事業を継続している方はたくさんおられますから。ご自分に合ったスタイルを見つけて、アピールしていくのがいいですね。

佐藤さん そうなんですか。実は、私は知らない人と話すことが苦手で……。

梶 それなら、**お知り合いの方にお願いしてみる**というのはどうですか？

佐藤さん 知り合いですか？

梶 はい。たとえば、近所に住む顔見知りの方とか、よく行くお店に聞いてみるとか。「私はインスタが得意だから、もしよかったらお店のインスタの運営を代行しましょうか？」と気軽に尋ねてみるんです。

佐藤さん 知り合いに頼むのって、勇気がいりますね……。

梶 営業と思うと緊張するかもしれません。でも、もっと気楽に考えてみてください。**売り込むんじゃなくて、それとなく聞いてみる感覚**です。

佐藤さん 「インスタはしないんですか？」みたいにですか？

梶 そうそう！　そんな感じです。実は企業では新しいサービスを販売する前に、一部の人に対してテスト販売をして、感想を聞かせてもらうということをしています。意見をもらってその内容を反映しながら、お客様のニーズに応えた正式な商品をつくるんです。これはとても重要なステップです。佐藤さんも、**営業ではなく、試してもらって意見をもらう**、と考えてはどうですか？

佐藤さん　試してもらう、という感覚ならできるかもしれません。

梶　お試しなので、最初は無料で代行します。「**無料でやるので、感想を聞かせてください」とお願いしてみる**んです。

佐藤さん　無料ですか⁉

梶　無料でするのは損をするような気持ちになるかもしれませんが、相手が満足するものを最初から提供できるかどうか、不安じゃないですか？

佐藤さん　確かにそうです。何といっても、やったことがないし。

梶　そうですよね。

佐藤さん　有料で相手が満足できなかったら、トラブルになるかもしれないという心配はあります。できれば、それは避けたいです。

梶　それに、インスタの代行にお客様がどんなことを求めているのか、やってみないとわからないと思うんです。

佐藤さん 確かに、そうですね。

梶 こればかりは、経験を積むしかありません。逆をいえば、経験さえ積めばわかるようになるので、最初は無料でやらせてもらうんです。**無料だと文句をいわれることも、トラブルになることもありません**から。

佐藤さん なるほど。よく考えたら、どのくらいの値段で提供したらいいかもわからないですね。自信がないので、お金の話はしづらいです。

梶 価格については競合のサービスや価格を調べた上で、考えていきましょう。一応、お客様にもこのサービスならいくらぐらい払えるか、聞いてみてください。今回、**無料で提供することは、商品やサービスを知ってもらうための広告宣伝費だと考える**こともできます。お客様が気に入ってくださったら、もしかしたらクチコミで紹介してもらえるかもしれません。

佐藤さん そうなんですか！　クチコミがもらえるのは強いですね。

梶 そう。だからまずはインスタの代行をしていることを知ってもらうのが大事。知ってもらうには、自分から声をかけないといけません。

無料なら、声をかけやすいと思うので、気軽にやってみられてはいかがですか？　声をかけられそうな人はいますか？

佐藤さん　そうですね……。そういえば、ずっと通っている美容院のオーナーがインスタをやりたいけどSNSは苦手だといわれていました。女性向けにどう発信したらいいかわからないって。ご年配の男性なので、イメージできないのかもしれません。

梶　いいですね！　そのオーナーさんに、ぜひ声をかけてみてください。美容院にとってはお客様からの申し出になるから、話しやすいと思います。長年通われているなら、美容院のポリシーやこだわりなんかもわかっておられるから、美容院側にとっても安心できるんじゃないでしょうか？

佐藤さん　そうかもしれません。

梶　断られる可能性はゼロではないけれど、邪険にされることはないはずです。**難しく考えずに、「私はインスタ得意だから、代わりにやりましょうか？」くらいの感覚で話してみてはどうでしょうか。**

佐藤さん　そうですね、確かにまったく知らない人じゃないから、話しやすいです。

「ダメなら断ってくれたらいいですよ」くらいの感じで話してみます。

梶　それがいいですね。最初は無料で始めたとしても、相手が期待する以上のことを提供できるようになったら、**相手からお金の話をしてくれるかもしれません。お金の話をしてくれなくても、企業のインスタ代行を請け負ったという実績ができます。**まずはお声をかけてみましょう。

佐藤さん　わかりました!

人は、誰しも得手不得手があるもの。苦手なことに対しては、ちょっとした工夫をして負荷を減らすようにしましょう。

知らない会社に飛び込み営業するのは、営業に慣れている人や、営業が得意な人だからできること。そうでない人には、ハードルが高すぎます。**無理してやる必要はありません**から、安心してください。

内向型の人は、知らない人に声をかけたり、集団の中に飛び込んで顔を売るということにストレスを感じやすいです。だからこそ、知り合いに頼んでみるのがいいですね。

自分の生活の半径１００メートルくらいにいる身近な、**ご近所や知り合いにお願いする**のが早いでしょう。

とはいえ、実績や経験のない人が、最初から相手を満足させられるとは限りません。だから、最初は無料でサービスを提供すること。**「お金はいらないから、その代わりに感想や意見を聞かせて」と頼む**のです。

身近な人にお願いするのはイヤだという方も多いですが、無料ならお願いできるのではないでしょうか。

これは**いわゆる「テストマーケティング」にあたる**ものです。

※テストマーケティング：試験販売。限られた範囲で販売し、ユーザーの反応を見ながら商品やサービスを整えること。お客様から出た意見や感想を自分のサービスに生かすことで、よりニーズに合ったものを提供できるようになる。

また、**無料で提供することは、商品やサービスを知ってもらうきっかけ**になります。相手の満足度が高ければ、あなたを応援しようとクチコミで広げてくれるかもしれません。

面識がある人からの紹介やクチコミは、信頼されやすいもの。あっという間に広がり、申し込みが絶えなくなるということも珍しくありません。

いわば、無料提供は広告や宣伝と同じ。活用していきましょう。

クラウドソーシングサイトをおすすめしない理由

佐藤さん 私は営業が苦手なので、クラウドソーシング（インターネットを介して仕事を受けられるマッチングサービスのこと）に登録しようと思っていたんです。

梶 そういわれる方は多いですよ。でも、**クラウドソーシングはあまりおすすめしません**。おそらく、イメージされているのとは違うと思いますよ。

佐藤さん え、どういうことですか？

梶 クラウドソーシングにどんなイメージを持っていますか？

佐藤さん　インターネットで仕事を受けられるんですよね。登録して、オファーを待って、よい案件に応募するんだと思っていました。

梶　クラウドソーシングの仕組みは、その通りです。でも、登録してすぐに仕事が来るとは限りません。**クラウドソーシングは、個人の実績で判断されるので、実績や経験がないと、かなり厳しい**と思ってください。

佐藤さん　そうなんですか！　登録したら自然に仕事が来ると思っていました。

梶　そう思いますよね。ですが、実際は違います。私も仕事を依頼する側でクラウドソーシングを使ったことがあるのですが、実績がある人と実績がない人なら、実績がある人に目がいきます。実績がある人なら、安心して頼めますしね。

佐藤さん　確かに。私も頼む側だったら、そう考えると思います。

梶　**未経験の人にとって、クラウドソーシングは不利になりやすい**んです。経験豊富な人と競って、勝てることはまずないですからね。

佐藤さん　いわゆる、レッドオーシャンなんですね……。

梶　その通りです。**わざわざレッドオーシャンに飛び込むのはやめましょう。**それより人柄を知ってくれている知り合いに頼むほうがおすすめです。

商品やサービスを知ってもらうために、まずはクラウドソーシングに登録しようと考える人は多いです。

登録すればオファーが来ると思われがちですが、現実はそうではありません。たとえ登録したとしても、未経験や実績のない、もしくは経験や実績が少ない人が仕事を取るのは至難の技。思うように仕事を取れず、あきらめてしまうパターンが多いのです。

クラウドソーシングは手軽に使えるサービスですが、そこにいるのは想像以上に多い競争相手だけ。ライバルに勝ち抜いて仕事を得なければなりません。

勝ち抜けるには、相応の実績が必要です。クラウドソーシングは、ある程度の実績をつくってから利用することをおすすめします。

自分のペースで仕事ができる「ひとり起業」は、内向型の人に向いている

佐藤さん　お話ししているうちに、自分でも起業できそうな気がしてきました。私は社交的とはいえないですし、1人で過ごすのが好きなので、起業なんて自分には無理かと思っていたので。

梶　そんなことないですよ！　**1人で過ごすことが好きな人なら、起業に向いている**と思います。

佐藤さん　そうなんですか？

梶　でも、調理の仕事もチームワークじゃないのですか？

佐藤さん　そうですね。ただ、中心に立ってチームを引っ張ったり、場を盛り上げる人を見ると、「自分にはできないな……」と、勝手に比べたりしてしまって。

梶　そうですか。

佐藤さん　ときにはそういうことを任されていることがあるのですが、無理してやると異常に疲れてしまって。

梶　**自分の持っているいる個性ではないことをするんですから、それは心が疲れますよ。誰だって、それは同じ**です。それに、個性が違えば、得手不得手が異なるのは当たり前のことですから。

佐藤さん　そんなふうにいってもらえると、救われます。いろんな人と一緒に働くのは苦手で疲れるから、あまり多くの人と関わらずに済む仕事をしたいなって、以前から考えていました。インスタの代行なら、1人でもくもくと作業できます。

梶　きっと、1人でコツコツと取り組む仕事のほうが向いておられるのでしょうね。それも大切な個性ですよね。常に人といたいタイプにはできないことですよ。だから、自信を持ってください。

内向型の人は、自分に自信がない人が多いです。世の中にある職業は、外向型びいきの傾向が強いですから、生きづらさを感じるのは仕方ないかもしれません。ですが、内向型だからこそ向いている仕事、職業もたくさんあります。自分に合う仕事を見つけて、あなたの強みを発揮していきましょう。

計画は練らなくていい。やりながら、変えていけばいいだけ

佐藤さん　まだご相談してもいいですか？

梶　もちろん、いいですよ。

佐藤さん　無料で提供する期間は、どれくらいが理想なんでしょうか？

梶　そうですね、1か月くらいやってみるという人が多いですね。それくらいやったらペースがつかめますし、相手が望むこともわかってきます。ある程度の結果も出始めると思います。

佐藤さん　1か月で結果が出るものなんですか？

梶　インスタ代行なら、1か月で結果が出る可能性は大いにあります。「インスタを見て予約した」というお客様がいらしたら、それが立派な実績になります。美容室としても売上になるでしょう。「代行開始1か月以内で実績を出せた」とアピールできます。

佐藤さん　なるほど。確かに、実績になりますね！

梶　代行を始める前に、美容室の店長さんと**無料代行の期間を決めておくとスムーズ**ですね。たとえば、「1か月のみインスタの代行をしたい」と伝えておくとか。1か月経ってから、次のことを決めたらいいですね。手応えがあったら、お客様のほうから「お金を払うから続けてくれませんか？」といわれるかもしれません。

佐藤さん　無料でずっとやるのはよくないですよね？

梶　はい、それはやめてください。誰でもそうですが、**無料提供がずるずる続くと、意欲が落ちる**んです。そうなると、自分にもお客様にもよくないですからね。

佐藤さん　そうですよね、絶対にそうなりますよね。

梶　だから最初は1か月とか、2か月とか、しっかり期間を決めておきましょう。1か月続ければ、いろいろとわかってくることもあると思います。

佐藤さん　わかりました。その先のことは、きちんと計画するほうがいいですか？

梶　いえいえ、**緻密な計画はいりません**。起業や経営は、計画しても、その通りにいくとは限らないのです。**期間とか、やり方の大枠だけざっくり決めてお**

いて、あとはやりながら変えていきましょう。計画を練るのは、事業に慣れてからでいいですよ！

内向型の人は、じっくりと考えてから物事を進める傾向が強いです。そのため、起業には緻密な計画が必要と思いがち。

ですが、しっかり計画を立てても、その通りにいくとは限りません。起業は、良くも悪くも予想外のことだらけ。行動して、初めてわかることばかりです。

「ひとり起業」では、緻密な計画はいりません。ざっくりと決めたら、あとは経験しながら変えていけばＯＫ。計画通りに進めようとすると、動けなくなってしまいます。

また、内向型の人は心配が先に立ってしまうため、緻密な計画がないと不安になるかもしれません。

しかし、**内向型の人に必要なのは、経験値**です。経験と実績を積んでいけば、実行可能な計画を立てられるようになっていきます。**起業初期は「とりあえずやってみる」くらいがちょうどよい**と捉え、動いていきましょう。

いつも使っているSNSがあれば、そこで最初のお客様を探してもOK

梶　インスタがお好きということですが、いつも使うSNSはインスタだけですか？

佐藤さん　メインで使うのはインスタですけど、XとかFacebookもしています。

梶　SNSでコミュニティに入っていたりしますか？

佐藤さん　趣味のコミュニティには入っていますね。

梶　それなら、その**コミュニティで最初のお客様を見つけるのもいい**ですよね。コミュニティのメンバーと、ある程度の関係性ができているなら、「インスタの代行をやらせてほしい」と頼んでみると、喜んでくれるかもしれません。

佐藤さん　確かに、ニーズがありそう！

梶　私のお客様で、Facebookグループの仲間に声をかけて、最初のお客様を見つけた人がいましたよ。そのグループ内で次のお客様も見つけて、最終的には50人くらいに提供したそうです。最初は無料にして、途中から有料にされました。

佐藤さん　そういう方法もあるんですね。

梶　気心が知れている仲間なら、率直な意見や感想をくれますし、本当に参考になると思います。相手も何かサービスを提供しているなら、お互いに提供し合うのもいいですよね。価格についても聞きやすいと思います。

佐藤さん　それは思いつかなかったです。考えてみます！

よく使うSNSがあったり、SNSのコミュニティに属しているなら、その人脈を頼るのも1つです。オンラインでやりとりできますから、連絡先などを聞く手間も省けますよね。

お互いの練習台になることもできるので、リアルの知り合いにお願いするよりも、気軽にできるかもしれません。クチコミも広がりやすいので、最初のお客様候補として検討するのもいいでしょう。

内向型の人は、SNSでは活発に活動できることもある

佐藤さん SNSで集客するって、そういう方法もあるんですね。広告みたいに使うことしか思いつきませんでした。

梶 SNSにも人脈がありますからね。リアルには会わないけれど、関係性とか相性とかあるなって思いませんか？

佐藤さん 思います。出会いがSNSというだけで、知り合いには変わりないですもんね。

梶 そう。リアルかネットの中なのかの違いですね。そういえば、**リアルはダメだけど、SNSだと活発になれるという方もいます**よね。

佐藤さん いますね！　私の知り合いがそうです。ふだんは気弱で人が苦手なのに、SNSだと性格が変わったような感じなんです。もうグイグイ相手にいくから、驚きますね。

梶 リアルと人格が違う？

佐藤さん　そうなんです。180度変わる。同じ人とは思えないです。「リアルでも同じようにすればいいのに」っていったら、「自分でもそう思う」っていっていました。でも私も、SNSは活発に動けます。リアルだと集団の中に入るのは躊躇するけど、SNSだといけるんです。

梶　集団はお好きではないとおっしゃっていたのに、SNSのコミュニティに入っておられると伺って、少し驚きました。

佐藤さん　最初は自分でも戸惑う部分があったんですけど、SNSは好みや趣味が同じ人が集まっているから、安心できるんですよね。

梶　コミュニケーションの取り方も、リアルとは違う感じですか？

佐藤さん　違いますね。まず、即座に反応しなくていいじゃないですか。返事や対応に考える時間があるから、気が楽です。それに、**リアルほど空気を読まなくていいから。自分の意見を主張しやすい**ですね。

梶　なるほど、そういう側面があるんですね。SNSで活発に動けるのは大きな強みですから、それも生かしていきましょう。

リアルのコミュニケーションに苦手意識を持ちやすい内向型の人でも、SNSだと気軽に動けるという方もいらっしゃいます。即座に反応する必要がないため、相手や自分のことをじっくりと考えて動けることがプラスに作用し、活動的になるのかもしれません。

また、相手とじっくり関係性を築くことができる内向型の強みが、ネット上やSNSで質の高い関係性の構築につながるケースが多くあります。

相手と自分の世界を共有し、ともに喜び合えたり、自分の世界観を好んでくれる相手と出会えるのは、ネット上やSNSのほうなのかもしれません。

SNSで活発に動けるなら、それは大きな武器になります。「リアルの自分はダメだけど」と思い悩む必要もないのです。

実は、このケースと似た内容の相談を受けたことがあります。

主婦をされていたお客様は、お知り合いの方に声をかけて無料でInstagramの代行をスタートし、経験を積んでいかれました。手探りながらも着実に力をつけ、無料期間が終わったと同時に継続を依頼されたそうです。

継続を頼まれるということは、相応の結果が出ているということ。Instagramを通じて新規顧客を獲得できたのでしょう。今では複数のクライアントを持ち、忙しく活動されています。

会社に属さず、個人で事業をするなら、実績が必要です。経験のない分野で起業するのであれば、まずは実績をあげることを優先していきましょう。

PART 4

内向型「ひとり起業」

ステップ ④

自分を安売りしてはダメ！失敗しない価格の決め方

価格設定で失敗しないために

このパートでは、提供していきたいメニューの価格設定についての考え方をご紹介します。

内向型の人は、自分自身に自信を持てない人が多いように感じます。これは謙虚さの表れともいえますが、起業においてはマイナスに働く可能性があることは、想像できますよね。

とはいえ、内向型の人が急に自信を持つのは難しいですから、自分の考え方の傾向や、適切な価格設定について理解しておくことが重要です。

ここでは、**内向型の人が陥りがちな思考パターンを紹介**しましょう。**パターンを理解することで回避しやすくなります**から、ぜひ活用してください。

また、価格設定についても、考え方や具体的な方法をお伝えします。

内向型の人は、ついつい自分を安売りしがち

相談者　ファスティングで起業したい渡辺さん（仮名）

梶　今日は、価格設定についてのご相談ですね？

渡辺さん　はい。どうぞよろしくお願いします。

梶　どういった事業で起業を考えているのですか？

渡辺さん　ファスティングです。簡単にいうと断食ですが、従来の断食とは異なり、その人の志向や体質に合わせて必要な栄養を摂りつつ、消化器官を休めます。有害物のデトックスを促して、美と健康をつくっていこうというものです。自分でいろいろと実践して効果を感じたので、もっといろんな人に知っていただきたいと思っています。

梶　ファスティングの講師をされるのですね。なぜ興味を持たれたのですか？

渡辺さん　前職がかなりハードで、体調を崩してしまったんです。それを何とかしたく

て、いろんな方法を探すうちにファスティングに出合いました。ファスティングを実践したら、どんどん体調がよくなったので、同じような悩みを持つ人に知ってもらいたいと思って。婦人科系の不調にも効果があるんです。でも、これをどう売ればいいかがわからないんです。

梶　まずは価格設定ですね。具体的な金額のイメージはありますか？

渡辺さん　私は無名だし、まだきちんと伝えられるかどうかもわからないから……。話すのもそれほど上手ではないし、1講座1000円でいいかな？と。

梶　1講座1000円？時間はどれくらいですか？

渡辺さん　1回が2時間です。

梶　2時間で1000円！それはちょっと安すぎますよ。時給に換算したら、1時間500円になります。

渡辺さん　でも、まだ実力があるわけじゃないから……。

梶　きちんと学ばれて、実践もされてきたのなら、伝えられることはたくさんあると思います。自信を持ってください。

渡辺さん　私なんかが、お金をもらうのは申し訳ない気がして。

梶　でも、ボランティアではなくて、起業して仕事にしたいんですよね？

渡辺さん　そうですね、ボランティアでやる余裕はありません。1000円でもお金になるならそれでいいかなぁって。

梶　**その考え方は感心しませんね。自分を安売りしていることになりますから。**「私の講座には1000円の価値しかない」とアピールしているようなものです。自分から講座の価値を下げるようなことはやめましょう。最初は売れても、あとが大変になるだけです。

渡辺さん　そうなんですか？

梶　自信がないと、安くすれば売れると思いがちですが、モノやサービスを売ることは、そんなに甘くはありません。それに、**一度、価格設定をしてしまうと、その安い価格が基準価格（アンカー）となってしまいます。**安易に安売りをすると、失うものが大きいんです。

渡辺さん　そうなんですね。すみません。

梶　謝ることではないですよ。だから相談に来てくださったんでしょう。頼っていただけてうれしいです。これから私と一緒に、価格設定を考えていきましょう。

渡辺さん　はい。よろしくお願いします。

商品やサービスへの自信が足りなかったり、自分に自信がなかったりすると、つい安売りしてしまいがち。

確かに、安い価格設定は一時的な売上アップにつながるかもしれませんが、長期的に見ると失うものも大きいのです。

安価な価格設定は、戦略として有効な場合もありますが、起業初期の段階では避けるべきでしょう。安売りしたことが災いし、結果的に失敗につながる可能性が高いからです。

価格とは、商品やサービスの価値を映す鏡です。

安売りを繰り返すことは、自分自身の価値を下げてしまうことに他なりません。

事業を継続していくためには、商品の価値を高め、適正な価格を設定する必要があります。

安売りは危険だということを念頭に置いて、価格設定をするようにしましょう。

「まあ、原価はかかっていないし……」と考えるのはNG

梶 ところで、どんなふうにファスティングを教えようと思っておられるのでしょう？　教室を借りるのですか？

渡辺さん 遠方の人にも参加してもらいたいので、オンラインがメインです。私自身も、オンラインで学んできたので。

梶 なるほど。オンラインでやるなら、ＺＯＯＭなどの会議システムの費用がかかりますね。あとは、通信費と資料の作成費用でしょうか。

渡辺さん そうですね。まぁ、原価はかかっていないし、安い価格でいいのかなって思っていて。

梶 確かに、原価はそれほどかからないかもしれませんね。でも、準備期間がいるでしょう？　資料はご自身で作成されるのですか？

渡辺さん テキストがあるわけではないので、自分でつくります。

梶 それなら、作成時間も価格に反映させないといけませんね。準備期間も仕事をする時間ですから、タダ働きになるのは避けたほうがいいですよ。

渡辺さん 準備期間のことは考えていませんでした。

梶 告知投稿の作成とかも必要でしょう？　トータルだとけっこうな時間がかかるはずです。

渡辺さん 確かにそうですね。

梶 原価はかからないので安くすると考える人は多いですが、何を原価とするかがわかっていない場合もあります。物品を購入したり、在庫を抱えたりということがなくても、準備にかかる時間があるはずです。そう考えたら、原価はそれなりにかかるんですよ。そのあたりもしっかりと考えていきましょう。

内向型の人に限ったことではないのですが、「原価がかからないから安く提供する」と考えるのは危険です。

これも自分の価値を自ら下げることになるということを意識したいですね。

また、準備期間や告知に割く時間やお金のことを忘れがちですが、これらもきちんと原価の計算に入れましょう。

価格は5段階で考えよう

渡辺さん 安売りはいけないというのが、よくわかりました。でも、どうやって価格を設定したらいいかが、まったくわかりません。

梶 **価格設定をするには、手順があります**。それをもとにして、考えていきましょう。まず、**価格は5段階で考えてください**。

渡辺さん 私の提供メニューは1つなんですけど、その1つに対して5段階も価格を設定するのですか？

梶 そうです。**5つの異なる価格帯に分けて設定**します。ランチやディナーのコースとか、和食のお店なんかで「松・竹・梅」のように価格が分かれていますよね。あれをイメージしてください。

渡辺さん ああ、価格によって内容を変えるんですね。梅コースだったら内容は「並」、松コースを選んだら「特上」のような。

梶 そのイメージで合っています。提供メニューも同じように考えてみましょう。ファスティングの「特上」や「並」をつくるんです。

渡辺さん 「松・竹・梅」は3段階だけど、5段階なんですか？

梶 最終的には「松・竹・梅」の3段階をメインの価格にするのでいいのですが、最初は5段階で考えます。そのほうがお客様のニーズに対応しやすくなったり、提供メニューの価値を高めてくれたりしますから。考え方の手順があるので、やっていきましょう。

「1つの商品やサービスは、1つの価格でしか販売できない」と考える方が多いかもしれません。

しかし、そうではなく、価格を5段階で考えてみることで、より多くの顧客のニーズに応えることができます。

5段階の価格設定を考えることは、商品やサービスの多様化を可能にし、顧客一人ひとりのニーズに柔軟に対応できるという大きなメリットがあります。

「5段階」と聞くと難しく感じるかもしれませんが、ご自身の商品やサービスを販売する上で、とても効果的な方法です。

まずは競合の価格を調べよう

渡辺さん 最初は何から決めるのですか？

梶 まず原価の確認ですが、その前に**競合の価格を調べましょう。**競合の価格が基準になるので。準備段階で、自分の競合はどこなのかを決めておくと楽です。

渡辺さん 競合……。考えたことがありませんでした。

梶 たとえば、ファスティングを指導されている講師の方は競合になりますよね。あとは、ファスティングではないけれど、美や健康についてセミナーをされている人の講座を調べてみるのも1つです。ネットやSNSでキーワード検索をしてみましょう。

渡辺さん わかりました。

梶 その際に、講座の内容や構成、メニューなどもメモしておきましょう。**比較すると、自分の強みを見つけられることがあります**。また、講座の開催報告の記事があれば、それにも目を通すといいですね。どういう人が受講しているのかを知ると、顧客層をイメージしやすくなりますから。年齢層とか、タイプとか、気づいたことをメモしておきましょう。これも役立つデータになります。

渡辺さん わかりました。

梶 **SNSやブログなら、投稿内容やコメントのチェックをするのもおすすめ**です。

ビジネスをする上で欠かせないのが、競合分析です。これは成功させるための重要なステップになりますから必ず取り組んでおきましょう。

ただし、**競合を意識しすぎるのはNG。**それが負担になり、動けなくなるケースもありますから、注意してください。

競合の存在は、自分の強みや特徴を知るのに欠かせません。これから起業しようとする方は、「知ること」を意識するといいでしょう。

原価すれすれの最低価格を調べよう

渡辺さん 競合を見つけて価格を調べたら、次はどうしたらいいでしょうか?

梶 次は、**『原価すれすれ』の最低価格を調べる**ことです。先ほどお話ししていた講座開催にかかるお金をリストアップしていきましょう。

たとえばZOOMなどの会議システムを使うなら、その利用料や通信費、電気代などがかかりますよね。資料の作成時間や、告知投稿にかかる時間なども入れて計算します。講座で材料を使う場合は、すべての材料費をリストアップして、正確な金額を算出しなければなりません。あと、告知や販売で手数料や利用料がかかるなら、それも計算に入れます。

渡辺さん 資料などの作成時間はどうやって計算したらいいでしょうか？

梶 時給換算で考えるのが一般的です。

渡辺さん 自分で時給を考えるのですね。

梶 そうです。ただ、最初は自分の時給を決めるのは難しいと思います。基準がわからないし、不安になって決めきれない人も多いです。その場合は、**競合の価格帯から想定してみましょう**。

渡辺さん なるほど、**それを参考にして考える**んですね。

梶 そのようにして、『原価すれすれ』の最低価格がいくらになるかを調べるために、かかる原価をリストアップしていきましょう。もし誰かにお手伝いを頼んだり、人を雇ったりしているなら、それも人件費として原価に入れます。

渡辺さん わかりました。

梶 『原価すれすれ』が決まったら、先に調べておいた競合の価格を書き出します。そして、その次は原価すれすれの価格より上回るが、『**競合よりも少し安めの価格**』を設定します。みんなが安くて目が引く価格っていくらだろう？とイメージしてください。この価格が5段階評価の1つめです。

渡辺さん　『競合より少し安い価格』ですね。

梶　はい。そして、ここからは『**競合と同じか、それより少し高めの価格**』を考えます。さらに『**これくらいもらえたら、うれしい』と思う価格**を書きます。これくらいもらえたら、うれしいと思う価格を「普通」のサービス・商品の価格とした場合、『「**上級」のサービス・商品の価格**』も考えましょう。最後が『**プレミアム価格**』です。これはあとで説明しますね。

渡辺さん　わかりました。

5段階価格は、次のように考えます。

〜5段階価格〜

0：原価すれすれの価格（1が0を下回らないか確認）

1：競合よりも少し安めの価格

2：競合と同じか、それより少し高めの価格

3：これくらいもらえたら、うれしいという価格
4：「上級」のサービス・商品の価格
5：プレミアム価格

5の『プレミアム価格』は、高級感を求める層向けに設定されることが多い価格帯です。同じ商品に特別な価値を付け加えた内容で販売することが多いですね。

お客様が100人いるとして、99人は買ってくれないけれど、1人は買ってくれるかもしれない。そんなイメージです。プレミアム価格の設定については、あとでお話しします。

この5段階の価格をベースとして、メインの3段階の価格を考えていきます。

メインの3段階の価格を決めよう

梶　考え方のベースになる、5段階の価格設定ができましたね！　次は、メインに販売する価格を3段階で決めていきます。

渡辺さん　「松・竹・梅」ですね。

梶　5段階で設定した『プレミアム価格』は、いったん置いておきます。3段階の場合、**「梅」にあたるのが、2の『競合と同じくらいか、それより少し高め』の価格**です。

「竹」は3の『これくらいもらえたら、うれしいという価格』にします。最後に**4の『「上級」のサービス・商品の価格』を設定します。松ですね**。そして4は「おとり価格」となります。

渡辺さん　おとり価格？

梶　**価格をわざと高くつける**んです。

渡辺さん　えっ。

梶　販売する商品によりますが、今回はちょっと高いと感じさせる価格にしましょう。**「おとり価格」を使うと、他の商品が割安に見えて、購入意欲が刺激される**といわれています。「お客様に買ってもらえたらありがたいな」と思うのは、どの価格ですか？

渡辺さん　そうですね、うれしいのはもちろん3の『これくらいもらえたら、うれしいという価格』かな。

梶　そうですよね。「おとり価格」があると、**自然と3の『これくらいもらえたら、うれしいという価格』に目がいきます。**3が安く見えて、お得に感じます。

渡辺さん　確かに、私も3段階あったら真ん中の価格のものを選ぶことが多いです。

梶　これは「**アンカリング効果**」といって、企業マーケティングなどでも活用される概念です。

心理学用語ですが、**最初に提示された情報が、その後の判断に大きな影響を与える現象**です。船を固定する錨、あれをアンカーというのですが、最初に提示された情報が思考を固定してしまうから、この名称がついたそうですよ。

渡辺さん　すごい。価格って巧みに設定されているんですね。

梶　逆をいえば、最初に提示された情報は注意を払うほうがいい場合がある、ということですね。

渡辺さん　これから価格の見方が変わりそうです。

梶　そういう視点で他の商品やサービスを見るのも勉強になりますから、ぜひやってみてください。

渡辺さん　わかりました。

梶　では、3段階の価格の参考金額をお伝えしておきますね。参考になるかと思うので。美や健康関連だと、カウンセリング系のお仕事が近いかな。これは一例ですが、1時間あたりだと、2の『競合と同じくらいか、それより少し高めの価格』が6000円、3の『これくらいもらえたら、うれしいという価格』が8000円というイメージです。4の「おとり価格」は2の2倍の1万2000円くらいにされるかな。

渡辺さん　1万2000円！　高い！

梶　そう感じるでしょう？　でも6000円だと、「おとり価格」の半額だから、選ぶのが不安と感じやすいんですよね。なので、8000円に目がいって、最終的にこれを選ぶケースが多くなります。

渡辺さん　なるほど、すごく納得しました。**確かに8000円のみ提示されたら、安いのか高いのか判断できない**かもしれません。

メインの３段階の価格

梅＝2	競合と同じくらいか、それより少し高めの価格 6000円
竹＝3	これくらいもらえたら、うれしいという価格 ＝買ってほしい価格 8000円
松＝4	「上級」のサービス・商品の価格 ＝おとり価格 1万2000円

梶　そう。**3つの価格があると、お客様も選びやすくなる**ということです。ちなみに、1万2000円の内容も考えておいてください。

渡辺さん　「おとり」なのにですか？

梶　そうです。**「おとり価格」とはいえ、お客様に提示するのですから、正式メニューに変わりはありません。価格に見合ったものを用意してください。**

たとえば、LINEとかチャットでずっと質問し放題をつけるとかね。

渡辺さん　わかりました。しっかり考えます。

人間の脳は、新しい情報を処理する際に、すでに持っている情報と比較して判断する傾向があるとされています。

そのため、最初に提示された情報が、その後の判断基準になりやすいわけですが、その影響を利用して価格を考えていくやり方をご紹介しました。

「おとり価格」や「アンカリング効果」は、一見すると効果的な販売戦略のように思えます。しかし、法律に違反する可能性や、顧客との信頼関係に影響を与えるリスクがあることを把握しておかなければなりません。

大切なのは、お客様の役に立ち、喜んでもらえることです。だからこそ、「おとり価格」とはいえ、正式なメニューとして、**価格に見合ったものを用意する必要があります**。お客様との信頼関係を築くことを大切に考えていきましょう。

プレミアムな最上価格を決めよう

渡辺さん　ふと思ったのですが、**「おとり価格」と『プレミアム価格』は違う**んですか？

梶　はい、違います。よいタイミングで質問してくださったので、次は『プレミアム価格』についてお話しします。

渡辺さん　はい、お願いします。

梶　**『プレミアム価格』の設定は、高収益化を目指すために必要な手段の1つ**です。とはいえ、安易に高価格を設定するのはダメ。**相応の価値があると感じさせる内容を用意し、お客様に納得してもらえる商品にしないといけません。**

渡辺さん　それは、特別なオプションを用意する感じですか？

梶　たとえば、個別相談を定期的に受けられるようにしたり、マンツーマンレッスンを対面で受けられるというようなオプションをつけてみるとかですね。

渡辺さん　なるほど、徹底してサポートするということですね。

梶　そうです。**可能な限りの贅を尽くしたサービスを提供するのが、『プレミア**

ム価格』です。美や健康のことだと、教えてもらったことを習慣化するための、マンツーマンのサポートがいいかな。

渡辺さん 確かに、継続を大変に感じて断念する人がいます。

梶 それを徹底的にサポートできるオプションを考えましょう。自分だけで継続するのは難しいけど、他人の目があったら継続できる人は多いですからね。

渡辺さん 継続サポートを取り入れてもらったら、効果が出るのも早いから、私にとってもプラスです。

梶 継続の中で、そのお客様に必要な特別メニューを提供するという方法もあります。オーダーメイドでファスティングのサポートをするとか。講師になるための指導を受けられるとかもいいでしょうね。

渡辺さん いいですね、それはきっと私も楽しいです！

3段階の価格は、メインの価格として設定します。

それ以外に、ハイグレードなオプションを追加した『プレミアム価格（プラン）』を用意することで、よりお客様に合わせたサービスを提供できます。

5段階価格を考えてみよう

0：原価すれすれの価格（1が0を下回らないか確認）

円

サービス・商品の内容

1：競合よりも少し安めの価格

円

サービス・商品の内容

2：競合と同じか、それより少し高めの価格

円

サービス・商品の内容

3：これくらいもらえたら、うれしいという価格

＝買ってほしい価格

円

サービス・商品の内容

4：「上級」のサービス・商品の価格＝おとり価格

円

サービス・商品の内容

5：プレミアム価格

円

サービス・商品の内容

『プレミアムプラン』では、個別サポートや特別メニュー、オーダーメイドなど、基本プランにはない特別なサービスをご提供し、お客様にご満足いただけるよう、充実した内容を盛り込みます。

「プレミアム」の名にふさわしい、特別な価値を提案することで、高収益化を実現しながら、お客様の満足度向上を目指しましょう。

値引きはしない

渡辺さん あっという間に価格が決まって、びっくりしています。

梶 ステップを踏んで考えていくと、案外スムーズに決まるものです。それに、5段階の価格を考えておくと、判断の基準ができるようになります。

たとえば**『競合よりも少し安め』や「原価すれすれ」はキャンペーン期間で**

使うとかね。

渡辺さん　ああ、なるほど！

梶　**『原価すれすれ』の価格をあらかじめ考えているので、安くしても原価を割らないことがわかっています**。安心でしょう。目安さえあれば、自分でいろいろ判断して、サービスを考えることができますから。

渡辺さん　確かにそうですね。

梶　あまり集客できない時期があったとしても、対策が練りやすくなります。**お客様が来ないからとどんどん価格を下げて、気がついたら赤字になっているということは避けられる**と思いますよ。

渡辺さん　価格をきちんと考えることって、大切ですね。

梶　はい。価格設定はあとにも大きく響きますから、きちんとステップを踏んで考えていくほうが安全です。あと、これもお伝えしておきたいのですが、**値引きはしないでください**ね。

渡辺さん　値引きをしたらダメなんですか？

梶　**安易に値引きをしてしまうと、その値引きした価格が広まってしまって、そ**

の額を定価にせざるをえなくなります。

渡辺さん　ああそうか、広まってしまったら、元に戻しにくくなりますものね。

梶　そうなんです。拡散された情報を止めることって、基本的にできません。SNSでシェアされたら、一瞬で広まったりします。拡散されてから定価を提示しても、値引きで買えた人もいるのに、なぜ自分はダメなのかっていわれたりしますから。

渡辺さん　値引きできない理由を、事前に理解してもらわないといけないんですね。

梶　そう。それをしていないと、お客様に離れてほしくないから、値引きせざるをえなくなります。**値引きをしたら、お客様が来てくれて、売上は一時的に上がるかもしれません。でも、デメリットのほうが大きい**です。

値引きは、そのまま利益の減少に直結します。

わずかな値引きだから大丈夫と思っても、それが積もればダメージになるリスクがあることを把握しておきましょう。

また、常に値引きを期待する顧客が増え、通常の価格では売れなくなる可能性が生じます。長期的に見ると大きなマイナスとなるリスクが多分にありますので、注意してください。

値引きをしても、損をしないコツ

梶　安易な値引きはリスクがあるのですが、コツを把握して値引きをするのはいいと思います。

渡辺さん　値引きにコツがあるのですか？

梶　**値引きをするなら、必ず定価を伝える**ようにするのです。「定価はこの価格ですが、今は特別キャンペーンで値引きしています」と事前に伝えておいたら、価格を戻しやすくなります。

渡辺さん　何も伝えずに値引きすることがダメなんですね。

梶　そうです。**価格を戻しやすいように、事前にお客様に了承してもらう**のです。たとえば、経験があまりないうちは、定価分のサービスを提供できないかもしれない、という不安を抱きがちです。開き直ればいいのですが、そんな簡単なことではないですよね。

渡辺さん そうですね。不安で頭がいっぱいになりそうです。

梶 自信のない間は、値引きの価格で提供しても構いません。それでプレッシャーが軽減されるなら、そっちを取るほうがプラスですから。ただ、お客様には事前に断っておきます。

「定価はこの価格ですが、今は値引きさせてもらいます。ただし、この期間が終わったら定価に戻します。それをご了承ください」って。

渡辺さん それだと価格を戻しやすいですね。

梶 「今だけ50%オフですが、これは今週中に申し込んでくださった方のみ対象です。3か月以降は定価での販売です」とかね。最初に必ず伝えて、それをご了承いただいたお客様のみ申し込みを受け付けます。

書類をつくって、サインしてもらうのもいいし、申し込みフォームに明記した項目をつくって、チェックをしてもらうのもアリです。

渡辺さん **了承してもらった履歴を残す**ということですね。

梶　値引きの価格交渉には応じないと伝えておくのも有効です。それをやるなら、**無料で提供するメニューを考えておくほうがまだいい**ですね。資料プレゼントとか、短時間の体験とか。

渡辺さん　価格交渉をされたら、私は押し切られてしまいそうです。

梶　みなさんそうですよ。とくに、スタートしたばかりだとお客様を怒らせないようにしようとか、お客様が離れないようにしなきゃと思ってしまいますから。価格を上げることにプレッシャーを感じる人も多いです。広まってしまったら、おそらく値上げはできなくなります。そうなると、自分がつらくなりますから。だから最初が肝心です。

安易な値引きはデメリットが勝ちますが、値引きにはメリットも存在します。値引きのメリットとしては、購入に対する心理的ハードルを下げる、売上に即効性があるなどがあります。また、値引きや無料サービス提供を通して関心を持つ顧客も出てくるはずです。

割引や無料サービスは、広告宣伝と同じ。状況に応じて効果的に値引きを取り入れるなら、それは戦略の1つになります。
値引きの目的を明確にして、その目的に見合った導入ができれば、プラスに作用します。

追加のオプションで売上をアップさせよう

梶 オプションのこともお話ししますね。

渡辺さん オプションですか？

梶 お客様の要望に応じてオプションをつくるというやり方もあります。**オプション価格を設定しておいて、要望があったら追加提供する**のです。オプションはお客様の要望に応じて、どんどん変えていけばいいですよ。

渡辺さん 臨機応変にやるということですか？

梶 そうです。最初は何百人を相手にするとかではなくて、少人数でしょう。少人数だと臨機応変に対応できますから。

オプションは1000円とか2000円という価格帯にしておきます。たとえば、8000円のコースにプラス1000円したら、1か月だけLINEで質問し放題がつけられるとか。

渡辺さん サービスとしても使うんですね。

梶 そうです。5000円のオプションを追加したら、あなたのためだけにオーダーメイドメニューをつくりますとかでもいいですよね。

渡辺さん なるほど。

梶 仮に、オプションのオーダーメイドメニューを無料提供しても、基本の価格は売上になっています。無料にしたオプションの5000円は広告宣伝費として考えればいいのです。

渡辺さん すごく合理的かもしれないですね。

梶 何をオプションにするかは、最初はお客様のご要望を聞きながら考えていったらいいですよ。要望があるなら、つくりやすいですからね。

オプションのよいところは、お客様のニーズに合わせてカスタマイズが可能なことです。

売上アップだけでなく、利用の継続率が高まる、顧客満足度が向上するなど、さまざまなメリットがあります。

また、基本サービスに付加価値を加えることで、顧客に「よりよいものを」という満足感を与えることができます。

どのオプションが人気なのかを分析することで、顧客のニーズを深く理解し、より効果的な戦略を立てることができるでしょう

注意すべき点として、オプションの種類が多すぎると、顧客が選択に迷ってしまう可能性があります。顧客のニーズに合った最適なオプションを提案することが大事なことを常に意識しましょう。

PART 5

内向型「ひとり起業」

ステップ⑤

無理して集客しなくても、お客様は集まる

内向型のあなたに合った方法で、無理をしなくても集客はできる

次のようなことを集客の王道だと考える人は多いでしょう。

- 多くのお客様と積極的にコミュニケーションを図る
- キャッチーな言葉で商品やサービスの魅力を伝える
- 頻繁にSNS投稿をする
- 多くの人の前で話す

しかし、これらの方法が得意な内向型の人は、ほとんどいないはずです。
むしろ苦手意識を感じて、行動に移せない人が多いのではないでしょうか。

集客は売上につながる大切な要素ですが、自分に合わない方法で無理をしてがんばってみても、心身ともに疲れてしまいます。

過度に負荷がかかり、その結果、活動が止まってしまうのは避けたいところ。**確実に集客するためには、自分の個性や強みを生かした、無理のない方法を選びましょう。**

このパートでは、集客に関する悩みを抱える内向型の方に向けて、自分に合った集客方法を見つけるためのヒントをお伝えします。

集客が苦手でも、無理なくお客様を呼ぶ方法はたくさんあります。

ヒントを参考にしながら、自分のペースで集客を進めていきましょう。

自分が欲しい月収を考え、そのために必要なお客様の人数を決めよう

相談者 ハンドメイド作家の鈴木さん（仮名）

梶 ハンドメイドで起業されたいのですね。

鈴木さん　そうなんです。商品については、ある程度よいものをつくれると思っています。でも、**集客が本当に苦手**で。どんどん人の輪に飛び込んで、売っていかないといけないのはわかっているんですが、性格的に「どうしても無理、できない」と思ってしまうんです。

梶　なるほど。どうしてハンドメイドで起業しようと思われたんですか？

鈴木さん　単純かもしれませんが、つくるのが好きなんです。自分がつくったもので喜んでもらえると、うれしくて。そうして喜んでくれる人の輪が広がっていけばいいかな、って思っています。

梶　素敵ですね。ところで、どこで売ろうと考えているのですか？

鈴木さん　実は迷っています。お店が持てればいいのですが、そんなお金はないし。

梶　そうですね、いきなりお店を持つのはリスクがありますから、不安であればやめておくほうがいいかもしれません。お店を持つとなると初期投資がかかりますからね。

鈴木さん　やっぱりそうですよね。借金はちょっとしたくないので……。

梶　それであれば、お店を持つことは目標にして、第一歩を進んでいきましょう。まずは、お客様をつくらないといけないですね。そのためには、作品を知ってもらわないといけませんから、**最初はどこかとコラボ**されるといいかもしれません。たとえば、**カフェとか雑貨店に、委託販売で作品を置かせてもらう**のです。

鈴木さん　それは考えつきませんでした。

梶　そのお店に集客力があれば、手に取ってくれる方が増えます。宣伝しなくても、多くの人の目に入りますよ。まずは、お気に入りのカフェなど、鈴木さんの作風と合うお店がないか、チェックしてみてください。

鈴木さん　いろいろ調べてみます。

梶　**マルシェに出店**という方法もありますよ。お住まいの地域や、近隣でマルシェ参加の募集があると思いますから、情報をこまめにチェックするようにしてください。

それ以外だと、**行政がやるチャレンジショップ**ですね。商品やサービスの販売ができる場所を低コストで提供してくれます。チャレンジショップは、専門家から起業サポートを受けることもできるんです。

鈴木さん　それも知らなかったので、調べてみます。

梶　あとは、そうですね、**教える側になる**のもいいですよね。**教室をして、そのスペースで自分の作品を売る**イメージです。

鈴木さん　ハンドメイドのワークショップとか、教室をやるっていうことですよね。

梶　そう。作品をつくって売るのと並行して、ハンドメイドを教えるんです。教える仕事ができたら収入が安定しやすいですし、お客様の層も広がりやすいのでおすすめですよ。元手のお金を、それほどかけずにできますしね。大人数に教えるんじゃなくて、少人数に教えるんです。

鈴木さん　少人数ならできるかも。考えてみます。

梶　ぜひ。ところで、集客ってどういうものだと考えていますか？

鈴木さん　自分から積極的にアピールするイメージです。いろんなところに出て行って、輪に入って。あとはSNSを頻繁に更新するとか。

梶　おっしゃる通り、それも集客です。でも、その方法には向き不向きがあります。何でもそうですが、性格に合っている方法でやらないと続きません。苦手だと思われるなら、他の方法を試してみてはいかがですか？

鈴木さん　他にも集客方法があるってことですか？

梶　もちろんありますよ。いろんな方法があるから、ご紹介します。できそうと思う方法を試して、ご自身に合うものを見つけてください。

鈴木さん　わかりました！

梶　その前に目標を明確にしておきましょう。目標に合った集客方法がよいですしね。率直に伺いますが、月にいくらくらいの収入が希望ですか？

鈴木さん　そうですね、もちろん高いほうがいいですけど、ハンドメイドでは難しいかもと思っています。せめてパートで働くくらい稼げるといいなぁって。

梶　おっしゃるようにどんな仕事でも、いきなり大金を稼ぐことは難しいです。軌道に乗って、満足するほどの収益が出るまでは時間がかかることが多いです。集客もノウハウなので、まずはお伝えしましょう。**集客の準備として、まずは自分が欲しい月収を決めることから始めます**。

鈴木さん　欲しい月収、ですか。

梶　そうです。パートで働くくらいということですが、たとえば月に10万円の収入が欲しいなら、何人のお客様に買ってもらったらいいかと計算していきます。営業日数も考えて計算したら、1日の売上や利益の目安がわかります。

鈴木さん なるほど。売上についての考え方があるんですね。

梶 そうです。たとえば社会保険の扶養範囲内なら、年間130万円以内（2025年2月現在）と決まっていますから、月換算すると約10万8000円まで稼げるということになります。月に20日間、働くとしたら、1日5400円の利益があればいいんです。

もし毎月10万円欲しいなら、仮にハンドメイド商品の価格が1000円で材料費が500円だとすると、1個売れると利益が500円になりますので、1日に10個売れると実現します。

鈴木さん 3000円くらいで売りたいと思っています。材料費は1000円くらいです。1個あたりの利益は2000円ですね。10万円を2000円で割ると50人ですね。

梶 仮に、月に25日間、営業すると仮定したら、1日に2人のお客様が来てくれたらいいわけです。

鈴木さん なるほど、2人でいいんですね。

梶　そうです。考え方はこんな感じ。ざっくりとお伝えしたのですが、実際は経費がかかってくるので、それも計算に入れないといけません。

鈴木さん　まずは希望月収を決めて、そのために必要なお客様人数を考えるということですね。よくわかりました。

集客というと、積極的に人脈を広げ、積極的にPRすることが求められるようなイメージがありますよね。しかし、それが苦痛に感じるのであれば、無理にその方法に固執する必要はありません。

無理に集客活動をして、それが負担になり、せっかく始めた起業をあきらめてしまうようなことになったら、それは本末転倒です。むしろ、自分の性格や強みに合った、もっと自然な集客方法を探してみるとよいでしょう。

大切なのは、世間一般でいわれている集客の「セオリー」にとらわれないこと。そして、自分にとって無理なく続けられる方法を見つけることです。

内向型の人だからこそ、得意とする分野や伝え方があり、それを生かして集客できる方法があるのです。

まずは、具体的な金額の目標を設定してみましょう。「月に〇〇円稼ぎたい」「扶養範囲の収入は得たい」など、具体的な金額を定めることで、より明確な目標に向かって行動できます。

そして、その目標達成のために、どんな集客方法が自分に合っているのかをじっくりと考えてみましょう。

ここからは、内向型の人でも実践しやすい集客方法や考え方をご紹介します。苦手なことを無理に克服するのではなく、自分の強みを生かして、無理なく集客活動を進めてください。

最初のお客様に、必ず1人は紹介してもらうように依頼しよう

鈴木さん　集客に対しての考え方が、ちょっと変わってきました。もっと難しいものだと思っていたので。

梶　「集客をしなきゃ」と思うと、力が入っちゃいますよね。でも、そんなに難しく考えなくていいんです。**ひとり起業の集客は、たくさんの人を集めようとしないことが大事**なんです。それをやろうと思うと、企業がやるような施策が必要になってきます。

ひとり起業の場合は、**集客をするとは考えない**ほうがいいかもしれませんね。それよりも**「お客様をつないでいく」ことを意識する**といいでしょう。

鈴木さん　お客様をつなぐ、ですか？

梶　そうです。たとえば、**最初に来ていただいたお客様に、お客様になってくれそうな人を必ず1人紹介してもらう**とか。

鈴木さん　ああ、それで「つなぐ」なんですね。

梶　最初に声をかけるのは、お知り合いの方になると思うので、その人に紹介してもらえるようにお願いしておくんです。顔見知りであればお願いしやすいと思うんですが、いかがですか？

鈴木さん　初めて来ていただいた方にお願いするのは躊躇しますが、知り合いであればいえる気がします。

梶　ぜひ、やってみましょう。それに、これも集客方法の1つなんですよ。プレッシャーのかからない考え方や方法は必ずあります。それを選んで、集客していけば大丈夫です。

内向型の人が集客をする上で、「1人目のお客様」の獲得は大きな一歩です。しかし、その人だけで終わってしまってはもったいないですよね。

最初のお客様との関係を大切にし、次の顧客へとつなげていくことを意識しましょう。一人ひとりのつながりを積み重ねていくことで、安定した集客基盤を築くことができるはずです。

内向型の人に限らず、苦手なことや、得意ではないことに無理にチャレンジする必要はありません。それをしても、望む結果にはつながりにくいからです。
それよりも大切なのは、自分の負担を最小限に抑えながら、集客活動を進めること。無駄に疲弊することは避けて、自分に合ったペースでできる方法を選び、無理なく活動する。それが、事業を長く続ける秘訣です。

「芋づる式」でお客様を集めよう

鈴木さん　なるほど。

梶　目の前のお客様に必ず誰か次のお客様を紹介してもらう方法は、次のお客様にとってもプラスになりやすいんです。だって、顔見知りから紹介されたら安心して利用できるでしょう。誰が書いたかわからないクチコミよりも、顔見知りからの紹介のほうが安心ですからね。

鈴木さん　確かにそうですね。

梶　最初に来てくれたお客様には、紹介の特典を用意するとか、特別にサービスを提供するとかして、**「1人だけお客様になってくれそうな人を紹介してくれませんか？」とお願いします。紹介するメリットを用意します。**

鈴木さん　それだと頼みやすいですね。

梶　それに、この方法だと**がんばってアピールするのは、目の前のお客様だけ。**会ったこともない、大勢の人にアピールする必要はありません。

鈴木さん　それならできそうです。

梶　来てくれたお客様に対しては、必ず1人新しいお客様を紹介してもらうつもりでやっていきましょう。

鈴木さん　みなさんが紹介してくださったら、本当に途切れなくなりますね。すごいことになりそうです。

梶　実際、似たような方法で成功している人もたくさんいます。私の知っている人は、子育て中にネイルを習って、自宅でサロンをオープンさせました。彼女がやったのは、友人にショップカードを配ることです。外向型の友人や知り合いに頼んでおけば、どんどんいろんな人に配ってくれますからね。自分が集客しなくても、周りの人が集客してくれるというわけです。

鈴木さん　そのアイデアはすごいですね！

梶　その代わり、サービスするとか、オプションを通常価格より下げて提供するとか、**紹介することで何かしらのメリットがある**ようにされていました。そういう感じでどんどんクチコミを広げていかれて、今は3店舗経営されているんですよ。

鈴木さん　3店舗はすごいですね！

梶　**まさに「芋づる式」です。紹介って、もっとも強力な集客法**なんですよ。とくに、社交的なお友達やお知り合いにお願いするといいかもしれません。

鈴木さん　自分でやるよりも、そのほうが早く広まりそう。

梶　そのお友達がSNSをされていたら、タグやメンションをつけて紹介してもらうのも効果があります。簡易的なWEBショップをつくっておくのもいいですよね。今は無料でネットショップをつくれるサイトがあります。ああいう便利なものはめいっぱい活用しましょう。

鈴木さん　わかりました。

梶　もちろん、お客様が紹介したくなるような価値を提供できないといけません。そこは抜かりなく考えておいてください。とにかく、目の前のお客様に集中して、満足させることを優先してください。

鈴木さん　目の前にいるお客様にだけ集中すればいいなら、それもありがたいです。しっかりと考えます。

集客方法には、さまざまなものがあります。

大企業のように大規模な広告宣伝活動を行う方法もありますが、これには多額の費用がかかります。ひとり起業でそれをやるのは無謀です。しかし、ひとり起業だからこそできる、きめ細やかな集客方法がたくさんあるのです。

たとえば、「芋づる式」の集客は、ひとり起業ならではの集客方法といえます。

紹介特典を用意したり、リピーター向けのメンバーズカードを作成したりして、お客様に友人や知人をご紹介いただくと効果的です。

また、得意な分野を持つ友人や知人から紹介してもらうのも1つの方法です。

「ひとり起業」でできることは限られていますが、大企業にはない柔軟性やスピード感を持って動けるのは、ひとり起業だからこそ。

これらの強みを生かして、自分ならではの集客戦略を立てていきましょう。

商品やサービスを売るという意識を捨てよう

梶　先ほどお話ししてくださいましたけど、目の前の1人にだけ集中できたら、気持ちは楽ですか？

鈴木さん　私はもともと大勢に対応するのが苦手なので。不器用なのかも……。

梶　でも、じっくりと物事に取り組めるんじゃないですか？

鈴木さん　それはそうです。じっくりと考えてしまいますね。

梶　コミュニケーションも、一対一なら苦手意識はない？

鈴木さん　はい。むしろ、**少人数で向き合うほうが好き**です。

梶　それは、すごい強みですよね。

鈴木さん　そうですか？　私にとっては、コンプレックスなんです。

梶　コンプレックスじゃなくて、武器ですよ！　じっくり物事に取り組めて相手と向き合えるって、すごいことなんです。これができなくて、悩んでいる人がたくさんいますから。

鈴木さん　えっ、そうなんですか？　欠点だとばかり思っていました。

梶　すごい武器を持っておられるんですから、それをご自身で認めてくださいね。そういう傾向があるなら、商品やサービスを売るという意識もいりません。集客を「お客様を呼ぶこと」だと考えるのはやめましょうか。たぶん、逆効果になると思います。

鈴木さん　商品を売らないし、お客様も呼ばないんですか？

梶　そうです。**1人に向き合うのが得意なら、やるのは「ファンづくり」**です。1人のお客様とずっとつながって、向き合っていくことを目指しましょう。商品やサービス、ご自身でもいいから、ファンになってもらうことを意識するんです。

鈴木さん　ファンになってもらう……それも難しそうに思ってしまうんですが。

梶　**難しく考えなくていいですよ。やるのは、相手の要望を真剣に聞いて、満足できる商品やサービスを提供すること**ですから。目の前の相手が、心を込めて自分に尽くしてくれることを悪く思う人はほとんどいません。お客様の要望にできるだけ沿うようなサービスを提供するんです。メニューの内容も、お客様に合わせて変えていくといいですね。

鈴木さん　オーダーメイドみたいにするというイメージですね。

梶　そうそう。もちろん、オプションで追加料金をもらってもいいですしね。目の前のお客様の満足度を徹底的に上げるんです。それをやった上で、「誰か紹介してください」とお願いしたら、断られることも減るんじゃないかな。それに、お客様のニーズもつかめますしね。

鈴木さん　メリットだらけですね。

梶　最初は臨機応変に動くことになるから、その心構えはしておきましょう。

鈴木さん　わかりました。

梶　最初は大変だと感じるかもしれませんが、数をこなせば慣れますからね。とにかく、目の前のお客様さえ満足させられればいいと考えて、しばらくがんばりましょう。それができる力をお持ちだと思います。

鈴木さん そうでしょうか。私なんかにできるのかな。

梶 もちろんすぐにはうまくできないこともあるかもしれませんけど、きちんと誠意を持って対応すれば大丈夫。「ファンになってもらおう」と考えて、お客様に対応してくださいね。

いきなり商品やサービスのよさをアピールしても、なかなか響かないのはなぜでしょう？

それは、まだお客様との間に信頼関係が築けていないからです。「売り込まれている」と感じてしまい、警戒心を抱かれてしまう可能性が高いでしょう。

商品やサービス、自分自身のファンになってもらうために必要なのは、お客様との関係性を築くことです。

そのためには、**商品やサービスを「売る」という意識を捨てて、お客様一人ひとりに寄り添い、その方のニーズに応えることに集中しましょう。**

お客様の話をじっくり聞いて、共感すること。そして、お客様にとって最適な解決策を提案しましょう。

そうすることで、お客様はあなたやあなたの商品、サービスに対して信頼感を持つようになり、自然とファンになってくれるでしょう。

ファンになってくれたお客様は、クチコミをしてくれたり、新たな顧客を紹介してくれたりするなど、強力な味方になってくれます。

つまり、お客様を大切にすることは、単にその場のやりとりで終わらせるのではなく、長期的な関係性を築き、事業を成長させることにつながるのです。

集客は、商品やサービスを売ることではなく、お客様との信頼関係を築き、ファンになってもらうことだと捉えましょう。

お客様一人ひとりを大切にし、心から満足していただけるようなサービスを提供することで、自然と集客はついてきます。まずは目の前の1人を大切にすることに集中してください。

なぜ起業するのか？ 「パーパス」を考えよう

梶 先ほど、ご自身がつくった作品をお客様に買っていただいて輪が広がるといいなぁといっておられましたが、どうしてそう思われたんですか？

鈴木さん あまり深い意味はないんですけど、そうですね、何でだろう？ そこまで深く考えていなかったです。

梶 なるほど。では、作品を手に取られたお客様がどう変わったらいいなと思われますか？

鈴木さん そうですね、うーん、パッと思いつくのは、作品を見て喜んでもらえたり、元気を出してもらえたりしたらいい、ということでしょうか。

梶 元気が出る。大事なことですね。

鈴木さん はい。作品を見るだけでやる気が出たり、気分が変わったりしてもらえたらいいですね。私のグッズを見るだけで元気になったり、気分転換ができたらすごくいいと思うんです。

梶　確かに。

鈴木さん　身につけられるものも多いから。そうやって気分転換してもらえたり、生活や仕事に前向きな気持ちを持つきっかけになって、それが広がるといいなって。その人の、毎日の充実度が変わると思うんです。

梶　いいですね。

鈴木さん　あと、今って大量生産して安価に販売するのが大半でしょう？　効率重視で、使い捨てがメインになっているように感じるんです。でも、ハンドメイドは作家が一つひとつ手づくりしているので、世界に1つしかないものですよね。それぞれの作品にストーリーやメッセージを込めているから、希少性や独自性を感じてもらえると思います。そこから、1つのものを丁寧に大切にする人が増えたらいいなぁ。ものを大切にするって、大事だと思うんですよ、環境的にも。

梶　おっしゃる通りですね。使い捨てをしないことは、環境問題の意識を持つことになりますね。効率重視に偏りすぎると、味気ない世界になりそうですが、ハンドメイドはそれを止めてくれそうです。温かみとかストーリー、メッセージを感じさせるものがそばにあると、感情が刺激されたり、気持ちが豊かになったりするかもしれません。

鈴木さん そうでしょう。見るだけでそういう変化を起こせるハンドメイドって、すごく可能性があると私は思っているんです。

梶 それに、その輪が広がったら、社会貢献になりますね。

鈴木さん え？　そうですか？

梶 はい。ものを大切にするって、自分を大切に扱うことにもつながるから、いい影響を与えてくれそうです。あとは、環境に優しい素材やリサイクル素材を選ぶのも、社会貢献の1つ。インスタントにものを消費しなくなるかもしれませんよね。これは持続可能な消費の促進と環境への配慮になりますから、SDGsになりそうですね。

鈴木さん そんな大きなことは考えていませんでした。

梶 輪が広がっていけば、実際そうなっていくと思いますよ。大きなことかもしれないけれど、ご自身の作品がそのきっかけになるかもしれません。

鈴木さん それは考えていなかったので、戸惑うけど……。でも実際にそうなったら、すごくうれしいです。単なる消費になっていることが多いのは気にかかっていたし、私の作品が何かのきっかけになるのは、自信になります。

梶　ぜひ、それを目指しましょう。こういった、**社会的な目線から事業目標を考えるのって、すごく大事なこと**です。

当面の目標がお金儲けや自己実現だとしても、それが社会的にどう影響すればいいか、人にどんな価値や変化を与えたいのかを考えておくとプラスに作用しやすいんですよ。

鈴木さん　そうなんですか、私にできるのかなぁ。

梶　できるかどうかというよりも、それを目指しましょう。実現するかはわからないけど、今そのことを考えることはできますよね。

鈴木さん　確かに、考えることは今でもできます。

梶　こういった**自分の事業の社会的な存在意義を「パーパス」といいます**。実は、みなさんに宿題をやっていただいているんです。

鈴木さん　宿題、ですか？

梶　はい。それはあなたの事業の「パーパス」を考えること。考えつく限り、箇条書きで書き出して次の相談のときに見せてください。

鈴木さん　わかりました。どれくらい書いたらいいんでしょう。

梶　そうね、多い人だと100個以上作成されました。

鈴木さん　100個!?

梶　まぁ、そこまでがんばらなくてもいいのですが（笑）。でもその方は、実際に書いてこられました。もともとしっかり考えておられる人だったので、すぐに100個出せたみたいです。でも、今回初めて考えられると思うので、20個は考えてほしいですね。可能であれば30〜40個くらい。

鈴木さん　わかりました。

梶　参考になる資料をお渡ししますね。**安心してください。パーパスに正解はありません**から、気軽に書いてくださいね。書き出すことで、見えてくることがあります。自分らしさとか、個性もつかみやすくなりますから。

鈴木さん　そうなんですね。自己分析みたいですね。

梶　そうです、**自己分析の1つ**ですね。これはご**自身のブランディングになります**。自分が何のために事業をするのか、誰に喜んでもらいたいのかが明確になるんです。次回までにリスト化して、私に見せてください。そこから一緒にパーパスを決めていきましょう。

起業をお考えの方には、必ず「なぜ起業するのか？」という根本的な問いを投げかけています。その理由は、強い目的意識が成功への大きな推進力となると考えているからです。

とくに内向型の人は、熟考を重ねてから行動に移す傾向にあるため、起業の目的である「パーパス」についても深く考えることができるでしょう。

「パーパス」とは、企業が社会に対して果たす役割、つまり「社会的な存在意義」のこと。

近年では「パーパス経営」という言葉が注目されており、顧客の生活にどのような価値をもたらし、ひいては社会全体にどのような影響を与えたいのかを明確にすることが重要視されています。

実際の相談でも、パーパスについて2週間から1か月かけて深く考えていただくようお願いしています。

その間、20個から50個のアイデアを書き出すことで、自分自身の価値観や強みを深く理解することができます。

最初は難しく感じるかもしれませんが、一度書き出してみると、次々に言葉が浮かんでくる方も多いようです。これは、内向型の人が、他人のために貢献したいという思いを強く持っていることの表れといえるかもしれません。

次のページの図は、パーパスの一例です。パーパスを考える際の参考にしてください。

パーパスを明確にすることは、自分自身のブランディングにもなります。一度パーパスを確立させれば、将来、ビジネスの方向性を見失ってしまったとしても、原点に戻ることができるでしょう。

パーパスの例

※パーパスとは企業の社会的な存在意義

【パーパス】
1. 希望や信念を持つ人が増え、地域が活性化してほしい
2. 定年後もイキイキと暮らしやすい社会に変えたい
3. 大好きといえる自分に出逢うことができる
4. サスティナブルな社会を構築したい
5. 奈良の産業の活性化をしたい
6. 世界に向けて奈良の魅力を発信したい
7. 地域にいろいろな事業、産業が増えてほしい
8. 若々しいシニアになってもらいたい
9. 仕事、家事、育児に疲れている女性に癒しを与えたい
10. ……
11. ……
12. ……

ホームページをつくるが、集客はしない

鈴木さん 集客については、よくわかりました。不安が消えたし、教えていただいた方法なら私もできそうだと感じました。

梶 よかったです。難しく考えないことと、自分に合う方法を見つけることが大事ですから。

鈴木さん はい。もう1つお伺いしたいのですが、ホームページはあったほうがいいですか？

梶 もちろん、あったほうがいいですよ。でも、WEBマーケティングは行いません。

鈴木さん SEO対策とかよくわからないから、プロに頼んだほうがいいのかなと思って。

梶 最初は集客のためにホームページをつくるというよりも、お客様に自社の価値をお伝えする目的でつくるといいですね。**ホームページに、事業への想い**

やパーパス、創業の動機、サービスや商品の価格、お客様の声、お問い合わせフォームがあればいいと思います。

鈴木さん　SEOや検索エンジンを意識するのは、もっとあとでいいです。おっしゃる通り、インターネット上で知らない人に見つけてもらおうとすると、専門的な知識と実績のあるプロに頼まないと難しいですから。

梶　やっぱりそうですよね。

自分でやろうと思ったらできるんですけど、集客目的のホームページは、WEBマーケティングをだいぶ勉強しないといけないので。もちろん、得意とか、やりたいのであれば、されるといいと思いますよ。そうじゃないなら、**ホームページはつくりますが、最初はWEBで集客することは考えない**でください。ホームページからの集客を狙うのは、もっと先ですね。

ひとり起業の場合も、ホームページを持つことをおすすめしています。問い合わせ先や商品・サービス、お客様の声、料金などを簡単にまとめたホームページがあれば、お客様からの信頼感も増し、気軽に連絡を取りやすくなります。

ホームページ作成ツールを使えば、特別な知識やスキルがなくても、比較的簡単にホームページをつくることができますし、安価な業者に依頼してもいいでしょう。

ホームページは、知り合いに直接知らせるだけでいい

鈴木さん それなら、まずは自分でホームページをつくってみます。

梶 そうですね、今は無料で登録できて、簡単につくれるサイトもありますので、それを利用されるのもいいと思いますよ。自分のホームページができると、起業をして事業をしているとアピールできますし、事業内容も整理できますから、ぜひやってみてください。

鈴木さん 確かにそうですね。ホームページをつくったら、それをアピールしたほうがいいのでしょうか？ 大々的には無理だけど、たとえばＳＮＳでアピールするとか……。

梶 もちろん、それが苦でないなら、ぜひやってください。目にとめてくれる方

がいるかもしれません。苦手意識があって、**SNSで宣伝するのが苦痛なら、やらなくていい**と思いますよ。

鈴木さん　わかりました。

梶　逆に**必ずやってほしいのは、お知り合いの方たちに直接お知らせいただくこと**です。ひとり起業されたことを知っている方だけでいいので、直接知らせてください。

ホームページがあれば、お知り合いの方たちが、他の方にも紹介してくれるかもしれません。**興味があるという人が現れても、事業についての説明はホームページを見ていただくと一目瞭然**ですし、相手にとっても親切です。

鈴木さん　なるほど、ある意味ホームページが営業をしてくれるんですね。

ホームページをつくろうと思うと、自分の事業に関する情報を整理し、まとめる必要が出てきます。自分の事業について深く掘り下げ、整理する機会になりますから、ぜひひチャレンジしてください。

事業内容を具体的に言語化することで、自分自身の事業に対する理解が深まり、自信につながることがあります。また、言語化により、お客様に商品やサービスのことを説明しやすくなるというメリットもあります。

ホームページに掲載すべき情報はさまざまですが、必ず入れておきたい3つの情報を紹介しましょう。

①この仕事をしているきっかけや動機
②価格
③お客様の声（無料のテストマーケティングの声も入れること）

鈴木さん　ホームページには、事業の内容とあいさつ、問い合わせ先を載せておけばいいですか？

梶　そうですね。問い合わせ先は、必ず入れてください。事業内容も明確にしておくと、お客様が迷わずに済みますね。内容については必ず具体的に書いてください。

たとえば、「ハンドメイド」とだけ書くのではなくて、作品のコンセプトやこだわりなども明示します。これをやっておくと、お客様もイメージしやすくなりますからね。

鈴木さん　なるほど。私の経歴も必要でしょうか？

梶　そうですね、記載してもいいと自分で思える内容だけでいいので、ぜひ入れてください。ハンドメイドに目覚めたきっかけとか、どれくらいの期間、ハンドメイドをしているのか、などでしょうか。

鈴木さん　ハンドメイドに関することでいいんですね。

梶　必要があると思われたら、学歴や職歴を入れてもいいかもしれません。それよりは、**どんな思いで作品づくりをしているのか、作品を通して何を伝えたいかなどを綴るといい**ですね。お客様はそういったところから、意気込みを感じて安心感を得られることが多いです。**その商品やサービスがつくられた背景や、目指すものを知ってもらうと、ファンになってくれる人も増える**んじゃないかなと思いますよ。

鈴木さん　文章を考えるのは苦手だけど、やってみます。

梶　あとは、価格と素材かな。そうそう、**お客様の声も必ず、入れましょう**。お客様に感想をお願いして、それを仮名でもかまわないので、ホームページに掲載するんです。**クチコミの代わりになります**から、おすすめですよ。

鈴木さん　感想をもらえたら、それだけでうれしいです。

梶　そうですよね。ご自身のモチベーションアップや、次の作品づくりに活用できますよね。ぜひお客様にお願いしてみてください。WEBで簡単に入力できるものがありますから、調べてみてくださいね。

鈴木さん　ホームページはすぐにつくるほうがいいですか？

梶　早いに越したことはないですよ。ひとり起業の準備をしながら、ホームページづくりも同時に始めてみてください。

このパートでは集客とホームページについてご紹介しました。内向型の人は慎重に物事を進める傾向にあるため、念入りに準備しようとしがちです。

集客やホームページについても、**最初から完璧なものを目指しがちですが、ひとり起業の場合、まずはシンプルに始めることが大切**です。

多くの人に知ってもらうためには、大規模な広告宣伝が必要になり、費用も時間もかかります。

まずは、**身近な人から信頼を得て、少しずつ顧客を増やしていく**というやり方のほうが、ひとり起業には合っているでしょう。

お客様とのつながりを大切にすることが、ひとり起業の集客の鍵です。

最初の顧客に、ぜひとも友人や知人を紹介してほしいとお願いしましょう。そして、お客様一人ひとりを大切にし、満足度を高めることに集中してください。

商品やサービスを「売る」のではなく、「お客様の役に立ち、ファンをつくる」という意識を持つことが大切です。

おもてなしを最優先に考え、商品やサービスのよさを伝えましょう。それができれば、輪はゆっくりと広がっていくはずです。

PART 6

内向型
「ひとり起業」で、
あなたらしくいられる
「居場所」をつくろう

リピーターを固定ファンにしていくためのフォローとは

ＰＡＲＴ５まで、「ひとり起業」に関する必要な５つのステップをお伝えしました。この５つを完了できたら、あなたはひとまずスタート地点に立ったことになります。本格的に「ひとり起業」を始めたら、あとはひたすら進めて、継続していくわけですが、ただ漫然と続けていればよいというわけではありません。

「ひとり起業」を継続させるには、顧客と深いつながりを持ち、その関係性を築いていく必要があります。

新規のお客様からリピーターになっていただき、さらに固定ファンになってもらえれば、つながりはもっと深くなるでしょう。

１人のお客様との関係性を大切にしながら、長期にわたってつながり続けることを意識するようにしてください。

よほどのことがない限り、こちらから関係性を切ることは選ばないようにして、定期的に関わっていきましょう。

関係性を育てるには、商品やサービスを購入後に、どのようなフォローをするのかが鍵を握ります。いくつか挙げるとすれば次のようなことです。、

・メールやLINEなどのデジタルツールを活用する
・手書きで手紙やハガキを書いて送る
・直接会う機会をつくる
・定期的に食事会やお茶会などを開く

とくに、手書きの手紙はデジタル社会の中において、温かみが伝わる特別な手段といえます。実際、起業家の間で注目される手段でもありますので、無理なく取り入れていくようにすれば、お客様の気持ちに響く可能性が高いです。

また、それぞれのお客様に対して、どのタイミングでフォローしていけばいいか、

そのあたりも目処をつけておくといいですね。

リスト化するなどして、フォローのタイミングを見失わないように工夫をしながら、お客様とともに事業を育てていきましょう。

アドバイスをしてくれる人を2人、見つけよう

内向型起業家の人に、もう1つお伝えしておきたいことがあります。内向型の人が起業する場合、信頼できる相談相手を持つことがとても大切です。

内向型の人は、1人で考えていると、どうしてもネガティブな考えに傾きがち。もともと不安を感じやすい傾向があるため、気がついたら自分や事業に対して悲観的になっていることも少なくありません。「自分なんか」「私の事業なんか」と、自分を檻の中に閉じ込めてしまって、なかなか抜け出ることができないこともあるのです。

だからこそ、**1人で悩むようなシチュエーションに自分を置くのは避けましょう。**

そうならないためには、やはりパートナーや仲間となる存在が必要です。

第三者に客観的な意見やアドバイスを求めることは、多くのメリットがあります。もっとも大きいのは、複数の人がアイデアや考えを出すことで、最良最善の決断にたどり着きやすくなることです。

これは外向型の人にもいえることですが、自分だけでできることなんて、たかが知れていると思いませんか？　できるだけ多くの人に力を貸してもらいながら、事業を継続していきましょう。

それに、思っていること、考えていることを話す相手がいると、事業内容の整理ができ、新しいアイデアが思い浮かびやすくなります。

人に話すことで気づくことも多いですから、信頼できる人を必ずつくるようにしてください。

可能であれば、**常に頼れる人を2人つくるといい**ですね。

1人の人だけに頼るのは、考えが偏ってしまうリスクがありますし、何より採めてしまったときに大変です。

信頼できる相手は、家族や友人はもちろん、起業の先輩やメンターなど、心から信頼できる人であれば誰でも構いません。思い当たる人がいなければ、私のような専門家を頼っていただくのもおすすめです。

まずは気軽に、新たなコミュニティにも参加してみよう

大勢の場や、初見の人がいる場に参加することをためらってしまう内向型の人もいます。

苦手なことを無理してやるのですから、プレッシャーやストレスになるのは自然なこと。罪悪感を持ったり、負い目を感じたりする必要はまったくありません。

むしろ苦手なことにチャレンジする自分を、盛大に褒め称えてくださいね。

その上で、ぜひ勇気を出してコミュニティに参加してみましょう。

そこにはあなたの知らない世界があり、新たなチャンスが転がっています。見たことのない景色を見に行くような感覚で、気軽に参加してみてください。

そのコミュニティでうまく立ち回る必要はありません。どんな人がいて、どんな話に花が咲いているのかを確かめるだけでも得るものがあります。誰か1人でも知り合いができたらラッキーだという軽い気持ちで参加してみてください。

「ひとり起業」の実際の相談事例

それでは実際の相談内容を3つご紹介しましょう。プライバシーに配慮して、相談内容を割愛したり、一部変更したりしている箇所もあります。ご了承ください。3人とも内向型の方でしたので、きっと参考になるはずです。

相談者　ファッションアドバイザーの山本さん（仮名）

梶　ファッションアドバイザーとしての起業を考えておられて、何から手をつけたらいいかわからないから相談に来てくださったんですね。

山本さん　はい。私はアパレルで働いていたことがあって、お客様にファッションのアドバイスをする機会が多くありました。それが生かせるんじゃないかと思ったんです。

梶　今は違うお仕事をされているんですよね。

山本さん　今は事務職なんですが、アパレルの仕事を退職してから、家族や友人、知り合いにアドバイスをする機会がけっこうあって。みんなに喜んでもらえたんです。だから、仕事にできないかなって。

梶　実績になりますね。

山本さん　多くの人に自分らしいファッションを楽しんでもらえるようにしたいなと思っているんです。

梶　ところで、事業の内容なんですが、具体的なイメージってありますか？

山本さん　アイデアはあるんですけど……。それはもっと実績と経験を積んでからやりたいと思っているんです。

梶　じゃあ、最初はもっと気楽にやるイメージ？

山本さん　そうですね、まずは経験を積みたいです。

梶　わかりました。それなら、ワンコインアドバイスをやってみましょう。

山本さん　ワンコイン、ですか？

梶　そう。**ワンコインだと、お客様も参加しやすい**と思うんです。お得感もあると思います。カジュアルな感じでね、その場に来てくれた人に対して、パッとアドバイスをするんです。たとえば10分とか15分とかの短時間でファッションに関する悩みを聞いて、プチアドバイスをするとかね。

山本さん　なるほど、ワンコイン！

梶　たくさんの人にアドバイスできると思います。ワンコインだと。

山本さん　経験は積めますね。でも、どういうところでやったらいいんだろう。

梶　場所はたくさんありますよ。マルシェでやるのもいいし、何かのイベントに参加するという方法もあります。あとは、なじみのカフェがあったら、そこでワンデイのイベントをするとか。

山本さん それは思いつきませんでした。

梶 手続きとか準備もそれほどいらないと思いますから、**まずはそういう気軽にできることから始めましょう**。お客様と直に接しながら、感覚を磨いていくんです。

山本さん お願いできるカフェに心当たりがあるので、頼んでみようと思います。

梶 いいですね！ カフェの忙しくない時間帯に数時間だけ、とかでもいいんじゃないかと思います。

慣れてきたら、どこかのショップにお客様と行って、一緒にアイテム選びをされてもいいかもしれません。そのときは同行ショッピングのメニューをつくってくださいね。そんな感じで経験を積んでいきましょう。ところで、SNSはされていますか？

山本さん インスタをしています。

梶 インスタの投稿はお得意ですか？

山本さん 得意というほどではないけど、好きですね。

梶 それなら、しばらくはインスタで活動のPRをしていきましょう。たとえばワンデイのイベントをするなら、インスタのフィード投稿でそれを告知して、ストーリーズで共有します。インスタのURLをQRコード化して、チラシに載せたものをイベントで配るとか、ショップカードや名刺に載せるのも効果がありますよ。

山本さん わかりました。

梶 最初は気軽にできることから始めてください。経験を積んでいったら、自然と内容の濃い仕事ができるようになりますから。**まずは、経験**ですね。

山本さん わかりました。経験することをメインに考えます。

梶 お客様と直に接したり、やりとりすることを考えてください。経験を積むと、自分に何ができるのか、お客様から何を求められるのかが体感でわかるようになりますから。

あと、並行でインスタの投稿もがんばってください。あなたが伝えたいことや、活動を通して何を提供したいのかをインスタで伝えていくといいですよ。投稿を続けていけば、フォロワーやお客様は必ず増えます。

山本さん　わかりました。今日教えていただいたことなら、できそうです。

梶　それならよかったです。これが起業の一歩目です。こういった活動がうまく軌道に乗ったら、次のステップに進みましょう。そのときはまた相談に来てくださいね。

起業において、とくに準備段階は、さまざまなタスクが同時に押し寄せ、心身ともに疲弊しがちです。また、内向型の人にとっては、大勢の前で自分をアピールしたり、積極的にコミュニケーションをとったりすることが、大きなストレスとなるでしょう。すべてを完璧にこなそうとギリギリまで踏ん張り、スタミナ切れを起こしてしまうこともありそうです。

私が提案しているのは、「**小さな一歩から始める**」ということ。

完璧なホームページをつくるのではなく、気軽に始められるSNSで発信してみたり、大きなイベントではなく、地域のマルシェに参加してみたりといった小さなことから始めるのです。
その小さな成功体験の積み重ねが、自信へと変わり、やがては自分のブランディングへとつながっていきます。このことを理解し、とにかく経験を積んでいきましょう。

相談者　手づくり石鹸を製作している谷川さん（仮名）

梶　石鹸を手づくりされているんですね。それを事業にされるご予定とか。

谷川さん　はい。けっこうみなさんに喜んでいただいたので、思い切ってやってみようと思っています。

梶　冬にイベントで販売されるんですか？

谷川さん　そうなんです。

梶　そのイベントはご自身で見つけられたんですか？

谷川さん　いいえ、頼まれたんです。

梶　出店を？　それはすごいですね。なかなかないパターンかもしれないです。

石鹸づくりはいつからですか？

谷川さん もともとは趣味でつくっていたんです。自宅で自分たちが使う用だったんですけど、ひょんなことから子どもの学校のバザーに出すことになりまして。それで販売用の石鹸をつくったのが最初です。

梶 それが好評だったんですね。

谷川さん はい。意外に喜んでいただけて。また売ってほしいとたくさんの人にいっていただいていたところに、イベント出店の話があったんです。

梶 じゃあ、周りに後押しされて。

谷川さん そうですね。ありがたいことに。

梶 素晴らしいですね。ところで、そのイベントのあと、販売できるところはお考えですか？

谷川さん うーん、正直あまり考えていなくて、今はイベントのことで頭がいっぱいなんです。イベントが終わってから考えようかなと。

梶 初めて出店されるのですから、先を読むのは難しいですよね。売上の予想もできないし。

谷川さん はい。ネットショップを立ち上げようとは思っているのですが、どうやって運営するのかもわかっていなくて。とにかくイベントのあとにじっくり考えようかと。

梶 わかりました。それなら、イベントが終わられてからビジネスプランを一緒に考えるというのはどうですか？　今後、ビジネスとして継続させたいなら、あらためて相談に来てください。そこから一緒に考えていきましょう。化粧品として販売するのはハードルが高くて、製造販売業許可などが必要になるのですが、そのあたりはご存じですか？

谷川さん えっ、そうなんですか？　成分表示だけすればいいのかと思っていました。

梶 いいえ、違いますよ。手づくり石鹸を販売する場合、化粧品として売るのか、雑貨として売るのかでいろいろ変わるんです。化粧品として売るなら、薬機法の対象になりますから、よくお調べになるほうがいいですよ。あと、販売の際に使う文言にも影響するので、注意が必要なんです。このあたりはご自身でも調べていただきたいのですが、ややこしい部分もあるので、一度、県庁に聞いてみてください。詳しく教えてくれると思いますよ。私としては石鹸をビジネスで考えていらっしゃるなら、きちんと許可を取って進めていただきたいです。

谷川さん　わかりました。

梶　もし仮に事業として立ち上げる場合、どういう石鹸を売ろうと思っておられるんですか？

谷川さん　私も子どもも肌が弱いんです。なので、肌に優しい自然石鹸みたいなものを考えています。

梶　オーガニック系ですか？

谷川さん　そうです。洗浄力が穏やかなものを。

梶　なるほど。それなら、ネット販売以外に、オーガニック系のカフェやショップに置いてもらうという方法もいけそうですね。

谷川さん　そんなのがあるんですか？

梶　ありますよ。おしゃれな雑貨屋さんとかね。そういうところはいろんなバイヤーさんが来るので、気に入ってもらえたら販売できるところがどんどん増えると思いますよ。

谷川さん　そういう方法があるんですね。

梶　あとは、ご自身でワークショップとかイベントをされるのも1つです。石鹸を手づくりしたいと思われている方ってたくさんいると思いますから、少人数から始めてみられるといいかもしれません。敏感肌とかアトピーとか、お肌のことで悩む人は多いですしね。

谷川さん　うちもそうなので、自分でつくるようになったんです。

梶　SNSなどでアピールされるといいですね。**製造者の顔が見えると、それだけで安心と感じる消費者もいます**から。

谷川さん　そうしたら、ブログとかSNSもやったほうがいいですね。

梶　そういうのはお得意ですか？

谷川さん　インスタは好きですね。最近はXもやろうと思っているので、ちょうどいい機会だからやってみます。

梶　そうですね。まずは製造販売業許可がクリアになりましたら、そういったところからからスタートしてみましょう。チャレンジしていくことで見えることも多いので。

谷川さん　わかりました。ありがとうございます。

学習意欲が高く研究熱心な内向型の人は、作品や仕事のクオリティが高いことが多いです。そのためか、**周囲から勧められて起業するというケースも少なくありません**。自分を過度にアピールすることなく、純粋によいものを生み出したいと考えるその姿勢が、周囲の共感を呼び、応援したくなるのでしょう。

事例のように、イベントに一度だけ出店する場合、必ずしも起業する必要はありません。しかし、継続的に販売を検討する場合は、さまざまな準備が必要です。とくに物品販売は、いろんな法律が関わってくるため、事前に十分な調査をするほうがいいでしょう。食品やコスメなど、実際に口に入れたり肌につけたりするものは、より厳格な規制があるということもあります。事前に必ず確認しましょう。

また、試作をつくってテスト販売をする場合は、原価は10万円以内を目安にしましょう。それ以上の金額がかかるとなると、「ひとり起業」では負担になります。

起業初期は、負担をできる限り小さく抑えることを心がけてください。

相談者　ペットトリマーの島崎さん（仮名）

梶　トリマーのお仕事をされているんですね。今はパートで働かれていますが、ご自宅で開業しようと思っておられるんですね。ちなみに、トリマーのお仕事はどれくらいされているんですか？

島崎さん　4年くらいです。ずっとペットショップで働いています。

梶　それなら、実績もご経験もおありですね。自宅開業をしようと思われたのはどうしてですか？

島崎さん　端的にいうと、近所の人に頼まれたんです。ペットショップまで連れていくのが大変だから、やってほしいといってもらえて。

梶　お客様からリクエストがあったんですね。トリミングはご自宅でもできるんですか？

島崎さん　もちろん、いろいろ変えていかないといけないんですが、庭に水場があるし、できないことはないかなと思っています。何十匹もトリミングすることはないと思うし、少ない数なら対応できると思います。

梶　シミュレーションをされているし、イメージもついておられるようだから、開業に必要なことをお伝えしましょう。

島崎さん　そうなんですけど、実はまだ迷っています。

梶　開業を、ですか？

島崎さん　はい。さっき、実績があるといってくださったんですけど、私はまだ4年くらいなんで、それって実績があるとはいえないなと思っていて。

梶　4年もされているのに？

島崎さん　私が働いているペットショップでは、周りは10年以上トリマーの仕事をしている人ばかりなんです。私なんてまだまだなのに。

梶　自信が持てない感じですか？

島崎さん　そうなんです。私にはあそこまでの技術はないから。価格をどうしたらいいかも迷います。ペットショップと同額にしても、それだけの仕事ができるのかと考えてしまうんです。

梶　開業すると、すべて自分で考えることになりますから、迷いますよね。でも、開業にはご興味がある印象を受けますが。

島崎さん　このままずっと雇われているのはどうなんだろうとは思っているんです。お給料が上がることはほとんどないですし、やりがいとか、長くこの仕事を続けるなら、開業するほうがいいと思っているので。家でできるなら、通勤の負担がないから、それも惹かれる理由なんですけど。でもやっぱり自信がないんです。

梶　周りにトリマーで起業されている方はいますか？

島崎さん　知り合いにはいません。

梶　それならイメージがつかないだろうから、不安になられるのは自然なことだと思いますよ。自信がないというより、要は開業が何かがわからないから、不安になるのかなと思います。

でも、**お客様のほうからリクエストされるなんて滅多にないこと**ですよ。そうですね、まずは起業のことを知ってみられてはいかがですか？　今は、各地の商工会議所や市町村、よろず支援拠点などで無料の創業塾が開かれています。ぜひ参加されてはいかがでしょう。起業のイメージができたら、気持ちが軽くなるかもしれません。結果的に開業しなかったとしても、起業の知識を知っておいて損はないですから。

島崎さん そうですね。まずはそこから始めてみようかな。

梶 開業自体は、開業届を出したらできるんです。

島崎さん そうなんですね。開業届はどこに出すんですか？

梶 管轄の税務署です。郵送やオンラインでも申請できますから、あとでご説明しますね。ただし、ペットのトリマーの場合、自宅でやるなら許可をもらわないといけません。

島崎さん 許可、ですか？ それは開業届とは別？

梶 別です。関係する法律が2つあるんですよ。1つが「第一種動物取扱業」の資格取得をしないといけません。これは、動物管理愛護法に関連します。もう1つが、ご自宅の用途地域の確認も必要で、これは建築基準法が関係します。

島崎さん　資格取得は知っていたけど、建築基準法は知りませんでした。

梶　そうなんですね。資格は、動物取扱責任者になる必要があるのもご存じですか？

島崎さん　はい、知っています。私はたぶん資格を満たしているはずです。

梶　それならよかった。環境省のサイト※で確認できますので、よかったらもう一度見ておいてください。もう1つの建築基準法ですが、お住まいの地域がどの用途地域になるかで、運営できるかどうかが変わるんです。たとえば、第一種低層住居専用地域だと、自宅サロンの運営はできません。

※https://www.env.go.jp/nature/dobutsu/aigo/1_law/trader.html

島崎さん　用途地域って、何を見たらわかりますか？

梶　お住まいの市町村のホームページで確認できますよ。ただ、用途地域でサロン開業がNGとされていても、条件次第で許可されることもあるようです。なので、一度行政にご相談されるといいですね。

島崎さん　わかりました。思ったよりいろいろ手続きがいりそうですね。

梶　そうですね。重要なことですから、じっくりとやっていきましょう。あと、価格の話をしてもいいですか？

島崎さん　はい。お願いします。

梶　先ほど自信がないとおっしゃっていたんですけど、そういうふうに感じていると、**価格を安く設定しがち**なんです。でも、最初にそれをすると、値上げがしづらくなります。お客様に価格を上げるってお伝えするのは、意外と大変なんですよ。

島崎さん　最初は安くやろうと思っていました。

梶　期間限定とか、オープニング価格で価格を下げるのは構いません。でもそれが定価になるのは避けましょう。定価は別できちんと設定するのですが、これはペットショップの価格に近い金額帯にしておきましょう。

島崎さん　なんか、プレッシャーに感じます……。

梶　プレッシャーかもしれませんが、値上げをするプレッシャーのほうがつらいですから。あとで困ることがないよう、最初にしっかりと考えておきましょう。

値上げができなくて、困っているひとり起業家さんは多いです。自信のない間は、期間限定で価格を下げてもいいんですよ。たとえば、正規料金は1回1万円だけど、オープニング価格で6000円にします、とかね。

島崎さん それならペットショップでベテラントリマーにやってもらうほうがいいような気がします……。

梶 選ぶのはお客様ですよ。サービス提供側が憶測で考えるのはリスクがあります。**サービスを選ぶのはお客様であって、勝手な憶測でこちらが決めてはダメ**です。これはとても大切なことなので、意識してください。

島崎さん そうなんですけど、自信がなくて。

梶 まだ何もしていないのだから、自信があるほうがおかしいです。島崎さんの場合、お客様から声をかけてくださっているでしょう。これは稀なことですよ。それに、トリミングのスキル以外にもメリットがあると思われたから、島崎さんにお声がかかったのではないですか？

島崎さん そうかもしれませんが……。

梶 お客様のご厚意を無碍にしてはいけませんよ。期待してもらえているのだから、できるかどうかはさておき、まずは精一杯がんばってみたらいかがですか？　実際、ペットショップでお金をもらってトリミングをされているのでしょう？

島崎さん　そうですね。やりたいとは思っています。

梶　大丈夫、自信は行動とともについていきます。**やる前は大変そうに思えても、やってみたらそうでもなかったというのはよくあること**ですから。せっかくスキルをお持ちで、チャンスが巡ってきたんですから、これを生かしていきましょう。先ほど、お客様の数は多くなくていいとおっしゃっていましたが。

島崎さん　そうですね、自宅でのんびりやりたいので、サロンを大きくするとかは考えていません。

梶　それなら大々的な集客は必要ないですね。でも、近所の人からクチコミで広がる可能性はあると思いますよ。愛犬家の人って、ネットワークがあるから。トリミングサロンの情報交換は活発なはずです。だから、集客はそれほど力を入れなくてもいいと思います。ただ、ご期待に応えられるような準備はしていきましょう。

島崎さん　わかりました。

梶　トリミングサロンは、綺麗にカットしてもらえるとか、犬を上手に扱ってくれるといった技術面の理由に加えて、気軽に行けたり、徒歩で連れていけたりするのがメリットになる場合もあると思うんですよね。すぐに預けられたら、時間の節約になるでしょう。

島崎さん　確かにそうですね。近所にトリミングサロンがないとこぼされるお客様を知っています。

梶　そうでしょう。なので近所の犬を飼っている方に、まずはしっかりとアピールしましょう。よいクチコミが広がれば、お客様は自然に増えていくはずです。

じっくりと信頼関係を築くことができる内向型の人は、周囲から起業を期待されるケースも少なくありません。これは、傾聴力や観察力、深い洞察力、そして一貫した丁寧な仕事ぶりといった、誠実な印象を与える資質が評価されるためです。

内向型が持つこれらの強みは、周囲から信頼を得る上で大きな武器となります。だからこそ、周囲から期待されるのであれば、不安を感じながらも一歩を踏み出す勇気を出してほしいですね。

起業や開業というと、難しく考えがちですが、本質はシンプルです。お客様が喜んでくれることを目指し、ひたむきに行動すればよいのです。相手の話をじっくりと聞き、観察し、要望に応えられるよう努力を積み重ねることで、自然と道が開けていくでしょう。

信頼関係を築くための基礎は、すでにあなたの中に備わっています。あとは、その強みを信じて、一歩を踏み出す勇気を持つだけ。思い切って行動し、新しい人生を切り拓きましょう。

おわりに

この本を手に取ってくださり、ありがとうございます。

内向型のあなたが、起業という選択肢に向き合うことは、きっと勇気のいることだったと思います。もしかすると、途中で「自分には無理かもしれない」と思う瞬間があったかもしれません。

でも、**ここまで読み進めてくださったということは、あなたの中に「何かを変えたい」「自分らしく生きたい」という思いがあるからではないでしょうか。**

内向型であることは決して弱点ではなく、むしろそれは深く考え、相手の気持ちに寄り添い、自分らしい価値を作り出すための素晴らしい力です。内向型だからこそできること、内向型だからこそ見える世界があります。

そして、もし**事業にその力を生かされたなら、きっと多くの人に感動や喜びを与えることでしょう。**

この本をきっかけに、あなたが一歩を踏み出す勇気を持てるよう、心から願っています。たとえ小さな一歩でも、その一歩が新しい未来を切り拓く扉になります。失敗や不安も、きっとあなたの成長の糧となります。

この本では、内向型の方に向けた小さな「ひとり起業」のステップしか説明していません。「ひとり起業」だからこそ、解放される悩みもあると考えたからです。

とくに、組織で働くことに息苦しさを感じている内向型の方へ。職場のにぎやかな会話や会議、無理に自分を大きく見せようとする文化に、疲れてしまうこともあるかもしれません。

それは決して、あなたが弱いからではありません。内向型の特性と、組織の環境がうまくかみ合わないだけなのです。

でも、どうか忘れないでください。内向型のあなたには、静かに物事を見つめ、深く考える力があります。気づきにくい細部に目を向けたり、誰かの気持ちにそっと寄り添ったりするその力は、どんな仕事の場面でも大きな価値となります。

もし今の環境があなたの力を生かせないのなら、思い切って新しい道を選んでもいいのです。

それが起業という選択肢であれば、あなたらしさを存分に発揮できる場を、自分自身で作り出すことができます。


「変わるのが怖い」

「失敗したらどうしよう」

そんな不安も、きっとあるでしょう。

でも、**ほんの少しの勇気で踏み出した一歩が、あなたにとっての新しい未来を切り拓きます。**失敗はあなたを否定するものではなく、新しい学びと成長の種を運んできてくれます。


この本が、自分らしい働き方を見つける小さなきっかけになれば、とてもうれしいです。

内向型だからこそ描ける未来がきっとあります。その旅路が実り豊かで、何よりもあなた自身が穏やかで心地よくいられるものとなることを願っています。
あなたの新しい挑戦を心から応援しています。

２０２５年２月

中小企業診断士　梶　純子

内向型《ないこうがた》だからうまくいく「ひとり起業《きぎょう》」5つ《いつ》のステップ

2025年4月16日　初版第1刷

著　者——————梶純子《かじじゅんこ》
発行者——————松島一樹
発行所——————現代書林
〒162-0053　東京都新宿区原町3-61　桂ビル
TEL／代表　03(3205)8384
振替00140-7-42905
http://www.gendaishorin.co.jp/

デザイン—————田村梓（ten-bin）
イラスト—————徳丸ゆう
図版———————松尾容巳子

印刷・製本　㈱シナノパブリッシングプレス
乱丁・落丁本はお取り替えいたします。

定価はカバーに表示してあります。

ISBN978-4-7745-2040-7　C0034